Oskar Maria Graf

kleine bayerische biografien

herausgegeben von
Thomas Götz

ULRICH DITTMANN / WALDEMAR FROMM

Oskar Maria Graf

Rebellischer Weltbürger, kein bayerischer Nationaldichter

Verlag Friedrich Pustet
Regensburg

kleine bayerische biografien

Biografien machen Vergangenheit lebendig: Keine andere literarische Gattung verbindet so anschaulich den Menschen mit seiner Zeit, das Besondere mit dem Allgemeinen, das Bedingte mit dem Bedingendem. So ist Lesen Lernen und Vergnügen zugleich.
Dafür sind gut 100 Seiten genug – also ein Wochenende, eine längere Bahnfahrt, zwei Nachmittage im Café. Wobei klein nicht leichtgewichtig heißt: Die Autoren sind Fachleute, die wissenschaftlich Fundiertes auch für den verständlich machen, der zwar allgemein interessiert, aber nicht speziell vorgebildet ist.
Bayern ist von nahezu einzigartiger Vielfalt: Seinen großen Geschichtslandschaften Altbayern, Franken und Schwaben eignen unverwechselbares Profil und historische Tiefenschärfe. Sie prägten ihre Menschen – und wurden geprägt durch die Männer und Frauen, um die es hier geht: Herrscher und Gelehrte, Politiker und Künstler, Geistliche und Unternehmer – und andere mehr.
Das wollen die KLEINEN BAYERISCHEN BIOGRAFIEN: Bekannte Personen neu beleuchten, die unbekannten (wieder) entdecken – und alle zur Diskussion um eine zeitgemäße regionale Identität im Jahrhundert fortschreitender Globalisierung stellen. Eine Aufgabe mit Zukunft.

DR. THOMAS GÖTZ, Herausgeber der Buchreihe, geboren 1965, lehrt Neuere und Neueste Geschichte an der Universität Regensburg. Veröffentlichungen zu Stadt und Bürgertum in der Neuzeit.

Inhalt

»Da ist einer [...], der in natürlicher Schlichtheit
und Anmut zum Denken anregt.
Die Unverdorbenen werden es dankbar sehen.«
Albert Einstein

Einleitung

Als »wunderbaren bayrischen Volks- und sozialistischen Gerechtigkeitsdichter«, den »wohl erstaunlichsten Emigranten von allen« beschreibt Volker Weidermann Oskar Maria Graf in seiner kleinen Literaturgeschichte *Lichtjahre* (4. Auflage 2006). Superlativisch und spannungsvoll lautete auch schon 80 Jahre früher das Urteil von Werner Mahrholz in *Deutsche Literatur der Gegenwart* (1926/30): »der saftigste, humorigste, ernsthafteste Darsteller der bayrischen Bauern«, dessen Geschichten »die Aussicht haben, auch in hundert Jahren noch gelesen zu werden und dann noch [...] zu ergreifen.« – Gerade als »bayrisch«, in dem die beiden Urteile zusammenklingen, wollte sich Graf aber nicht verstanden wissen, er war mehr: »Das Bayrische war nur *eine* Hälfte von mir«, schrieb er in der Autobiografie *Gelächter von außen*, »die andere unterschied sich sehr gründlich davon.«

Auf die Tradition von Ludwig Thoma sollte man ihn nicht festgelegen: »Ein kaltes Grauen fiel mich an, wenn ich mir ausmalte, etwa wie Thoma zum allbeliebten bayrischen Nationaldichter aufzusteigen und auf diese Art behäbig mein weiteres Leben abzulegen. Thoma kam aus der Welt des ländlich-soliden, gehobenen Bürgertums und hatte nie die Schrecknisse, die Wirrungen und das ratlose Ausgeliefertsein an die unbekannten rohen Lebenstücke durchzustehen gehabt wie ich. Wirklicher Hunger, grausige Not, von Kind auf hineingeprügelter Menschenhaß, Unsicherheit und Mißtrauen allem und jedem gegenüber blieben ihm zeitlebens ebenso unbekannt wie zügellose, antimoralistische Boheme, wie Klassenkampf, Sozialismus, Revolution und unkontrollierbarer, gefährlicher Masseninstinkt.«

In der Vorbemerkung zu *Gelächter von außen* hält Graf fest, wie er sich selbst verstanden hat. Er sah sich ›hineingestellt ins

Geschichtliche‹: »Dieses Hineingestelltsein ins Geschichtliche hat freilich nichts mehr mit dem zu tun, was die hochgebildeten Fachgelehrten und Professoren im Nachhinein literarisch als Geschichte postulieren, es ist vielmehr unser aller Schicksal.« Hiernach ist man in der biografischen Annäherung an Leben und Werk Grafs gewarnt, es akademisch nicht allzu bunt zu treiben. Sein Werk wird nicht von Konzepten und Begriffen geleitet, auch wenn er damit umgehen kann: Mitten ins Leben des Einzelnen gestellt, schöpft es daraus seine Geschichte. Dass er die ihm selbstgenügsam dünkende Literatur der L'art pour L'art ablehnt, ergibt sich fast von alleine. Leben und Werk gehören bei Graf auf das Engste zusammen.

»Hineingestelltsein ins Geschichtliche« meint für Graf, eingedenk der historischen Katastrophen des 20. Jahrhunderts zu schreiben. Die Geschichte hat ihm, der weder fatalistisch, noch resignativ, noch bloß verneinend auf sie reagieren wollte, nicht viele Optionen gelassen. Mit »Galgenhumor« und einem »alles zerschmetternde[n] Gelächter« wollte er deshalb schreiben. Ein »Volks- und sozialistische[r] Gerechtigkeitsdichter«, wie Weidermann schreibt, ist er gewiss auch. Ohne die Spannungen in jedem der einzelnen Begriffe zu registrieren, wird der Leser aber nur den halben Graf mitnehmen. Sein Gelächter, sein Rebellentum, ist eine Möglichkeit, zwei Extreme zu vermitteln: Hoffnung für den Menschen zu haben und zugleich die »Dummheit und Verlogenheit der Welt« als historisches Faktum vorauszusetzen. So ging er seinen Weg durch das 20. Jahrhundert: pazifistisch, authentisch und nicht ohne Widersprüche von Berg am Starnberger See über München nach New York.*

* Die ersten fünf Kapitel dieser kleinen bayerischen biografie, die die Jahre 1894–1933 umfassen, wurden von Waldemar Fromm geschrieben, die folgenden von Ulrich Dittmann. Die Einleitung wurde gemeinsam verfasst.

1 Die Familie

ELTERN

Oskar Maria Graf entstammte einer Familie, in der der Beruf des Schriftstellers nicht nahe lag. Er wurde am 22. Juli 1894 in Berg als neuntes von elf Kindern geboren. Sein Vater Max Graf, gelernter Bäcker, kam aus einer zugewanderten Stellmacher-Familie mit protestantischen Wurzeln. 1846 geboren nahm er 24-jährig am Deutsch-Französischen Krieg 1870/71 teil und kehrte nach einer Verwundung, die eine Versteifung der Hand zur Folge hatte, nach Berg zurück. Ungeeignet für den familiären Betrieb fand er in einem Kaufvertrag des Großvaters auch die Übertragung einer sogenannten Gerechtsamen, der Erlaubnis, das Bäckereihandwerk auszuüben. Mit der finanziellen Unterstützung aus der Familie baute er in Berg entgegen erheblicher Zweifel erfolgreich eine Bäckerei auf und etablierte sie.

Graf schildert seinen Vater im *Leben meiner Mutter* als Außenseiter in der kleinen Gemeinde, der seine Vorstellungen über den beruflichen Wirkungskreis gegen die Zurückhaltung der anderen erfolgreich durchsetzt und Anerkennung findet. Der Vater, ein Anhänger Bismarcks, war insofern ein Kind seiner Zeit, als er Modernisierungsprozesse antizipierte und nutzte. Die Gewerbereform, die 1869 verabschiedet wurde, ermöglichte es ihm, seine Bäckerei zu gründen und auszubauen. Die günstige Lage Bergs am Starnberger See sorgte für gute Geschäfte, denn ›Sommerfrischler‹ und der Zuzug von wohlhabenden Bürgern und Adligen schufen einen Markt für Backwaren in einer ländlichen Region, in der man das Brot meist noch selbst buk. Durch Zufall wurde Graf Lieferant für König Ludwig II., der in Schloss Berg seine Sommerresidenz hatte. Das Geschäft des Vaters florierte, später kam ein Kolonialwarenladen hinzu. Die kleine Bäckerei Graf bildete allein schon dadurch einen exterritorialen Raum in der ländlichen Gemeinde, dass sie in Kontakt mit allen Schichten stand und sich in ihr ländliche und städtische Gewohnheiten austauschten. Auch wenn sich Graf später gerne als »Provinzschriftsteller« oder »Spezialist in ländlichen Sachen« bezeichnete, war

Grafs Geburtshaus mit der Bäckerei in Berg am Starnberger See, um 1960

die Provinz seiner Kindheit und Jugend von der Moderne durchzogen.

1881 heiratete Max Graf die elf Jahre jüngere Therese Heimrath, Tochter einer alteingesessenen katholischen Bauernfamilie aus Aufhausen. Grafs Mutter fehlte im Gegensatz zu ihrem Mann der Wagemut, über das Erreichte hinauszugehen. Sie lebte im Glauben und wirkte durch »stumme Geduld« und »unangreifbare Verträglichkeit«. Für sie, so Graf, waren »Sich-Bescheiden, die unverdrossene Arbeit und Glaube und Friede« identisch. Beide Elternteile verband jedoch ihr Arbeitsethos: Die Familie war allein schon deswegen nicht unglücklich, weil beide Eltern ihr Selbstverständnis und Selbstwertgefühl aus den Ergebnissen der eigenen Arbeit schöpften. Gleichwohl hat Max Graf seine Entscheidungen meist gegen seine Ehefrau durchgesetzt. Oskar selbst wird später davon sprechen, von seinen Eltern zwei prägende Kräfte mitbekommen zu haben: das »Bäuerlich-Beharrliche meiner Mutter und der aufgeschlossene Unternehmungsgeist meines Vaters«.

In den Beschreibungen seiner Familie gibt Graf keine Hinweise darauf, dass jemand aus diesem Kreis ähnlich wie er einen künstlerischen Beruf angestrebt hat. Dennoch finden sich die Gründe für die Entscheidung, Schriftsteller zu werden, positiv und negativ in diesem engsten Kreis. Der Vater ließ seinen

Kindern freie Hand bei der Berufswahl. Auch deswegen wird er von Graf nicht ohne Stolz als »weltoffen und grundsolid« beschrieben, mit einer »tiefeingewurzelten Abneigung gegen alles […], was nach Uniform aussah.« Kaiser Wilhelm II. war ihm nicht nur aufgrund der imperialen Geste »zuwider«. Vom Vater erhielt Graf die ersten Geschichtslektionen, in denen er Skepsis gegenüber Machtansprüchen und der politischen Rhetorik lernte, die diese verbirgt. Das Geschichts- und Menschenbild des Vaters bestärkte den Sohn darin, selbstbewusst der zu sein, der man durch die eigene Arbeit ist.

GESCHWISTER

Über die Geschwisterkonstellation liest man in der Erzählung *Der Quasterl*: »Wir Geschwister Graf hatten alle die unbewußte Vorstellung, als ragten wir in jeder Hinsicht weit über unseresgleichen empor. Familienstolz und Kastengeist waren in uns ungewöhnlich stark ausgeprägt. In unserer verschwiegenen Überheblichkeit verachteten wir im Grunde genommen jeden, der nicht unmittelbar zu uns gehörte.« Der gemeinsamen Überlegenheit nach außen entsprach eine spannungsreiche Rivalität nach innen. In einem Brief an den Bruder Maurus wird das Zuhause noch im Jahr 1929 als »Zanknest« beschrieben, geprägt von einem »gehässige[n] Kleinkrieg, der in der Familie Graf so zu Hause ist«.

Drei Geschwister Grafs starben früh. Die anderen folgten dem von der Familie vorgezeichneten Weg. Max, der Älteste, übernahm den Betrieb des Vaters, die Schwester Therese wurde Schneiderin, Eugen Buchhalter und Maurus Konditormeister. Letzterer eröffnete in der heutigen Grafstraße 18 in Berg das Café Maurus. Emma, die bereits mit 28 Jahren starb, war Schneiderin. Lorenz, genannt Lenz, wählte wie der Vater den Beruf des Bäckers, Anna, genannt Nannderl, wurde Friseurin. Eugen und Lorenz wanderten – wie auch die Schwester des Vaters – noch vor dem Ersten Weltkrieg in die Vereinigten Staaten aus. Anfang der 1920er-Jahre folgte die Schwester Anna, die bis zu ihrer Emigration mit dem Bruder Maurus und der Mutter in Berg wohnen geblieben war.

Gruppenbild der Mutter Therese mit (v. l.) Maurus, Anna (Nanndl), Oskar (sitzend), Lorenz (stehend) und Emma, um 1902

Graf prägten vor allem die drei älteren Brüder Max, Maurus und Lorenz. Es waren ungleiche Brüder: Max, »nüchtern, grob und herrschsüchtig«, wurde für Graf zum Symbol des Militarismus und Wilhelminismus. An ihm lernte der junge Graf geradezu intuitiv die Grundlagen der Gesellschaftskritik seiner Zeit. Sie wurde ihm buchstäblich eingeprügelt: »Zehn Jahre war ich alt, als einer in mein Leben trat, erzogen von Soldaten, Unteroffizieren und Offizieren, und meine Erziehung in die Hand nahm. Zehn Jahre als einer zu befehlen begann, mich anschrie, prügelte und noch mehr prügelte.« Lorenz, der »wildeste«, schrieb abenteuerliche Geschichten in Notizbüchern auf und erfand eine eigene Sprache. Maurus war der Leser und Literaturliebhaber in der Familie. Er las dem jüngeren Bruder Oskar immer wieder vor, verprügelte ihn allerdings auch manchmal, wenn dieser das Vorgelesene nicht verstand. Die Rivalität zwischen den beiden Brüdern in Fragen der Literatur scheint zeitlebens bestanden zu haben. Maurus hatte allerdings das Nachsehen. Er konnte lediglich einmal, 1929 im *Simplicissimus*, eine Geschichte veröffentlichen.

Kindheit und Jugend wurden von den Spannungen zwischen den Geschwistern durchzogen, gleichwohl bezeichnete Graf seine Kindheit später als »wundervoll«. Die 1932 erschienenen Erzählungen *Dorfbanditen. Erlebnisse aus meinen Schul- und Lehrlingsjahren* schildern Streiche aus dieser Zeit, die aus den Konflikten zwischen strengem Wertesystem und individueller Reaktion darauf entstehen. Die Art und Weise wie Graf die kindliche Phantasie als spielerische Einübung in das Leben beschreibt, zeigt eine selbstbewusste, gleichwohl aggressive Haltung auf. Die Kinder revoltieren gegen ein autoritäres Erziehungssystem, gegen den wilhelminischen Geist der Zeit mit einem eigenen Gerechtigkeitsempfinden. Offener als Ludwig Thoma in den *Lausbubengeschichten* beschreibt Graf in seinen Erlebnissen aber auch die Nöte und Ängste, aus denen Handlungen entstehen, bis hin zu schambesetzten basalen körperlichen Reaktionen.

LEHRJAHRE

Grafs erste Berufsziele lauteten Tierarzt, Erfinder oder »irgendetwas mit Universität«, jedoch konnte er sich dem Zugriff des Bruders Max, der von ihm die Mithilfe in der Bäckerei erwartete, zunächst nicht entziehen. Auf der anderen Seite standen die Lektüreerfahrungen, die Graf mit seinem Bruder Maurus, später auch mit der Schwester Nanndl machte. Die Anzahl und die Qualität der Werke, die er auf diese Weise in einer bürgertumsfernen Umgebung kennenlernte, überstiegen den Kanon bürgerlicher Sozialisation bei weitem. Nicht nur Shakespeare, Lessing, Schiller, Mörike und Lenau standen auf dem Programm, auch die moderne französische, skandinavische und russische Literatur sowie die wichtigsten Philosophen. Vieles hatte Graf auswendig gelernt und vor dem Zugriff des Bruders versteckt, denn Lesen war innerhalb der Familie starken Spannungen ausgesetzt. Der Bruder Max schätzte Bücher nicht und drohte Prügel für den Fall an, dass solche angeschafft und gelesen würden. Das Lesen, überhaupt der Umgang mit Literatur kann deshalb als Frontstellung gegen Max' wilhelminisches Weltbild aufgefasst werden. Literatur wurde zum Medium der Individuation, der Selbstwerdung. Tatsächlich wird der Konflikt um die Literatur auch der Anlass für Graf sein, die Familie in Berg zu verlassen.

Graf arbeitete bereits als 11-Jähriger in der Bäckerei mit, seit 1905 unter dem Regiment des ältesten Bruders, bei dem er seit 1907 eine Bäckerlehre absolvierte. Als Max ein Versteck

Oskar (3. Reihe v. o., links) mit seinen Schulkameraden in Aufkirchen

mit *Bongs Klassiker-Ausgaben* fand und seinen Bruder daraufhin verprügelte, nahm Graf seinen bereits gepackten Koffer, holte das Ersparte seiner Mutter für ihn, 300 Mark, von der Bank und zog im September 1911 mit 17 Jahren nach München. Die Verbundenheit mit dem Bäckerhandwerk blieb, die Trennung vom Bruder aber war endgültig.

Gedichte sind in der Pubertät häufig eine Form der Selbstverständigung. Für Graf waren sie – wie auch die gelesenen Texte – ein Lebenselixier. Er entdeckte das Glück der Selbstfindung in der Literatur. Im Band *Dorfbanditen* erzählt er auch von abendlichen Lektürestunden, vor allem in den Wintermonaten, bei denen er mit seinem Vater gemeinsam in der Küche saß und las. Es sind aber nicht nur Bücher, die das Gespräch mit dem Vater ermöglichten. »Die Weltgeschichte griff in unser Dorf ein«, schreibt Graf im *Leben meiner Mutter*, und zwar in Form von illustrierten Zeitungen und Zeitschriften, darunter der *Starnberger Land- und Seebote*, *Über Land und Meer*, *Gartenlaube*, *Jugend* oder *Simplicissimus*.

Oskar Maria Graf, um 1911

Im Umgang mit der Literatur entwickelte sich bei Graf ein autodidaktischer Impuls. Sein Talent wurde von keinem Pfarrer oder Lehrer gefördert, auch wenn er gute Schulleistungen vorzuweisen hatte. In der Erzählung *Der Lehrer Männer* hält er eine einzige Situation fest, in der dieser zumindest stillschweigend die Interessen des damals Elfjährigen anerkannte: Als der Lehrer anlässlich von Schillers 100. Todestag in der Klasse nach den Lektüregewohnheiten fragte, antwortete Graf, 19 Bücher besitze er, drei davon von Schiller: »Der Männer musterte mich, und ich glaube, alles was er bisher gegen mich hatte, verflog in diesem Augenblick.« Bemerkenswert ist in der Erzählung das wortlose Einverständnis ohne die Möglichkeit eines Gesprächsanschlusses. Wie bei einer Tangente, die einen Kreis streift, wird die Anerkennung kurz sichtbar, um dann wieder im Alltag unterzugehen. Eine der wenigen Bestätigungen erfuhr Graf als 16-Jähriger vom Reclam-Verlag Leipzig, bei dem er für eine Besprechung von Turgenevs *Gedichte in Prosa* einen Preis gewann: die *Grashalme* von Walt Whitman.

2 Bohemien in München, Ascona und Berlin

VON BERUF SCHRIFTSTELLER

Als Graf in München ankam, brachte er das Selbstbewusstsein eines jungen Menschen mit, dessen Familie gesellschaftlich aufgestiegen war und die soziale Schicht gewechselt hatte. Und er brachte sein Selbstverständnis mit, das aus dem Umgang mit Büchern entstanden war. Das erste, was er drucken ließ, war eine Visitenkarte: »Oskar Graf Schriftsteller München«. Als Autodidakt wird er auf der sozialen Bühne der Schriftsteller und Intellektuellen länger brauchen, um seinen Platz zu behaupten. Eine seiner Strategien wird es später sein, von seiner anfänglichen Unwissenheit, von seinen Fehltritten, von der Scham und den Tollpatschigkeiten zu erzählen und sich auf dem literarischen Markt als derjenige zu behaupten, der vom Land kommt. Das Lachen der anderen darüber wird ihn, der sich zum Schelm macht, integrieren.

Graf fand in München eine ausdifferenzierte Literaturlandschaft vor. Es gehörte immer noch zu den führenden Kunststädten Europas. Kunstakademie, Bohemekultur, liberale Strömungen und die Entwicklung Münchens zu einem Verlags- und Zeitschriftenzentrum begünstigten die Entfaltung eines vielfältigen kulturellen Lebens. Karl Wolfskehl spricht in einem 1930 erschienenen Rückblick vom kulturellen Leben in der Stadt als einer »Produktivkraft«, der konservative Literaturkritiker Josef Hofmiller von einer »Treibhauskultur«. Hans Brandenburg schreibt in seinen Erinnerungen: »Schwabing war etwas Neues. Uns Jungen, unserem Heute, unserer Gegenwart war es wirklich ein Zustand, der uns als selbstverständlich und ewig erschien und in den wir uns streitbar und schmerzvoll-heiter einfügten, Spieler und Zuschauer zugleich. Es war neben den Cliquen, Schreiern und Mitläufern ein feinster geistiger Zellenbau, ein lebendiger Organismus aus Kreisen, die sich willkürlich und unwillkürlich, willig und unwillig berührten, anzogen und abstießen, überschnitten und durchkreuzten.«

Zunächst aber lebte Graf »alleine«. Er ging dem Beruf des Schriftstellers nach, wie er die Berufsausübung von zu Hause gewohnt war: Er produzierte Dramen und Gedichte, eins nach dem andern, und schickte die Texte an die potentiellen Abnehmer, die Verlage. Die Ablehnungen führten zur Neuausrichtung der Strategie. Graf änderte die Gattung, schrieb Aphorismen und oberbayerische Schrullen und schickte Texte an Zeitungsredaktionen. Noch zwei Jahre später wird er sich in Ascona als Witzeschreiber vorstellen. Einer Bewerbung um ein Stipendium fügte er 1912 Aphorismen (vermutlich aus der *Münchener Allgemeinen Zeitung*) und unveröffentlichte Gedichte an. Die Wahl der Formen mag der Bruder Maurus mitgeprägt haben, der selbst Gedichte und aphoristische Sentenzen in Notizbüchern festgehalten hatte.

DIE GRUPPE »TAT«

Nachdem das Ersparte aufgebraucht war, lebte Graf von Aushilfsarbeiten und kam durch Zufall über einen Zimmernachbarn 1912 in Kontakt mit der 1909 von Erich Mühsam gegründeten Gruppe »Tat«, einer Sektion von Gustav Landauers »Sozialistischem Bund«. Graf wurde Schriftführer in der Gruppe und mit dem Vertrieb von Landauers *Der Sozialist* beauftragt.

In den Schriften, die in der Gruppe »Tat« gelesen wurden, erfuhr Graf eine zumindest theoretische Erklärung für seinen bisherigen Werdegang. Aus Berg vor seinem Bruder geflohen, brachte er im Marschgepäck die Glückserlebnisse im Umgang mit der Literatur mit. Analog dazu waren Gesellschaftskritik und die befreiende Funktion der Kunst und Literatur auch für die Vordenker der Gruppe »Tat« zentrale Kennzeichen ihres anarchistisch verstandenen Sozialismus. Graf schrieb später, er habe den Sozialismus durch Mühsam und Landauer kennengelernt. Sie prägten seine Lebenshaltung bis in die 1920er-Jahre.

Beide hatten sich bereits 1899 in der »Neuen Gemeinschaft« in Berlin getroffen, in der das genossenschaftliche Prinzip einer Kommune in die Praxis umgesetzt werden sollte. Beide vertraten einen anarchistischen Sozialismus ohne Marx. Für beide war der Zusammenhang von Kunst und Politik von entscheidender Bedeutung für gesellschaftliche Veränderungen. Sie setzten auf die Selbstbefreiung der Individuen in den freien Künsten, aus der dann gesellschaftliche Veränderungen folgen sollten.

Gustav Landauer entwarf das Bild des »Neuen Menschen« in einer noch zu schaffenden Gesellschaft, indem er unablässig den »lebensdurchglühten und sich seiner Individualität bewußten Einzelnen« einforderte. Sein *Aufruf zum Sozialismus* von 1911 plädiert für eine Selbstorganisation der Menschen ohne eine staatliche Führung: »Menschheitsvereinigung in Menschheitsinteressen, Volksvereinigung in Volksangelegenheiten, Gruppengemeinschaft in Sachen der Gruppen, Vereinigung von zweien, wo zwei für sich gehen, Vereinzelung in allem, was nur das Individuum angeht.« Er fordert in seinen Schriften, Sinn für das »geworden-werdende« Wesen des Menschen zu entwickeln, und dazu sind Kunst und Literatur geradezu wesensnotwendig: Sie tragen das Volk als »Geist« in sich.

Erich Mühsam warb in der Gruppe »Tat« für die Umsetzung der sozialen Utopie. In dem Jahr, in dem Graf nach München kam, gab er das Blatt *Kain. Zeitschrift für Menschlichkeit* heraus. Sein Appell an den Geist in der zweiten Ausgabe war für den Expressionismus genauso wichtig wie Landauers Aufruf zum Sozialismus. Es heißt darin: »Aber gerade der Künstler hätte tausendmal Grund, wütend aufzubegehren gegen die Schändlichkeiten unseres Gesellschaftsbetriebes. [...] Nur das sind noch immer die Zeiten der Kultur gewesen, in denen Geist und Volk eins waren, in denen aus den Werken der Kunst und des Schrifttums die Seele des Volkes leuchtete.« Mühsam sieht – vergleichbar zu Landauer – die künstlerische Subjektivität als Voraussetzung eines freien Menschen. Er setzte auf die emanzipatorische Rolle der Kunst, da sie die Sinnlichkeit des Menschen in freier Entfaltung aufnimmt. Der Künstler soll am Erlebten der anderen teilnehmen.

Es ist diese Lebendigkeit, die Graf nach der Revolution 1918/19 von den Schriftstellern einfordern wird. Teilhabe am Leben und Lebendigkeit sind Voraussetzungen einer Literatur,

Graf als Arbeiter in München, um 1912

die den transnationalen Volksbegriff im literarischen Werk ansichtig machen kann: »Es wird zuviel am Schreibtisch geschrieben. Man lasse die Lebendigen reden und erzählen, nicht die Prediger. [...] Es muss wieder gelebt werden, bitter gelebt und freudig gegeben. Aber so was verlangt Verzichten und das kann der heutige Literat nicht mehr«, schreibt Graf 1919 in einem Beitrag für die Zeitschrift *Die Sichel*.

Die Gruppe »Tat« traf sich unregelmäßig. Ihr gehörten neben Graf u. a. Robert Scheidegger, Arthur Ludwig, Eduard Schiemann, Ernst Frick, Fritz Klein, Georg Schrimpf, Franz Jung und Richard Oehring an. In der Gruppe wurde Graf nur am Rande wahrgenommen. Mühsam notiert im Tagebuch am 27. August 1912: »Jetzt wurde ich durch den Besuch des jungen Graf gestört, dem ich seine recht dilettantischen Dichtversuche kritisieren und Steinebach zum Verlag empfehlen sollte. Ich habe mir [ihm] so gut es geht geholfen.« Diese einzige Erwähnung Grafs im Tagebuch zeigt, wie wenig Aufmerksamkeit er mit den ersten dichterischen Versuchen auf sich ziehen konnte. Gleichwohl übernimmt er den Habitus der Bohemiens.

Boheme
Diese Sub- oder Gegenkultur, die das Verhältnis von Künstlern zur Gesellschaft problematisiert, hat ihre Anfänge im Paris der 1830er-Jahre und wird in Deutschland zunächst in Berlin nach 1890 sichtbar. Als europäische Bewegung ist sie vor allem ein Stadtphänomen. Sie wendet sich gegen das Besitz- wie auch das Bildungsbürgertum. Peter Gay hat von einer wahren »Bürgerphobie« der Bohemiens gesprochen. Im Vordergrund steht die »kreative Individualität«. Als teilweise ästhetische Opposition zur Gesellschaft betrifft sie neben den Werken auch die Lebensführung. Zu den wichtigsten Merkmalen gehören neben dem Bruch mit den Lebenskonzepten der Väterwelt – etwa die symbolische Aggression gegen Werte wie Geld oder Zeitökonomie – Nomadentum und Libertinage. Ein weiteres Prinzip, das innerhalb der Boheme wirkt, ist die Vagabondage oder das »Vagabundenfieber«. Dieses ist auch an die Erschütterung als Lebensprinzip gebunden, die gewohnte Lebensstrukturen verlebendigen.
Julius Bab hat in seinem Buch *Die Berliner Boheme* von 1904 diese als einen Indikator für den kulturellen Fortschritt verstanden, als ein Zeichen für eine Überfülle an Kreativität, die in den Bahnen der Gesellschaft keine Entfaltungsmöglichkeiten mehr findet. Er unterscheidet eine zeitlose »Lebensart des Bohémiens« und die zeitlich begrenzte »Gemeinschaft der Bohémiens«. Für Bab umfasst die »antisoziale Opposition« alle »vom Prätorianer- und Verbrechertum bis zum Handwerksburschen«.
Die politische Dimension der Boheme bildet die Entfernung von der Sozialdemokratie und der Wechsel hin zum Anarchismus ab. Die soziale Dimension zeichnet Bab durch Merkmale wie »Verhöhnung der Arbeit« oder ein zum »Selbstzweck gewordene[r] Genuß«, »maßlose Augenblicksergreifung«, »große Reizsamkeit«, »jähe Stimmungswechsel« sowie »Unproduktivität und Selbstauf-

> lösung«. Das sind größtenteils negativ formulierte ästhetische Kriterien. Der Individualismus der Boheme gilt ihm als ein Phänomen, das überwunden werden muss.
>
> Mühsams Verständnis von Boheme fällt um vieles positiver aus. In Karl Kraus' *Fackel* betont er 1906: »Bohême ist eine Eigenschaft, die tief im Wesen des Menschen wurzelt, die weder erworben oder anerzogen werden, noch durch die Veränderung der äußeren Lebenskonstellation verloren gehen kann.« Er sieht in ihr ein utopisches Moment wirken, weswegen sie gerade nicht asozial sei. Die Ablehnung des Bürgertums stehe mit einer »sehr sozialen Sehnsucht nach einer idealen Menschheitskultur« in Verbindung. Gerade deswegen seien die »radikale Skepsis in der Weltbetrachtung, die gründliche Negation aller konventionellen Werte [und], das nihilistische Temperament« ihre wichtigsten Merkmale.
>
> Mit Bab verankert Mühsam die Boheme im Anarchismus und vergleicht den Bohemien mit anderen Außenseitern der Gesellschaft: »die antipolitische Tendenz des Anarchismus und das anarchistische Prinzip der sozialen Selbsthilfe sind wesentliche Eigenschaften der Bohêmenaturen. Daher stammt denn auch das innige Solidaritätsgefühl zum sogenannten fünften Stande, zum Lumpenproletariat […] Es ist dieselbe Sehnsucht, die die Ausgestoßenen der Gesellschaft verbindet […] Verbrecher, Landstreicher, Huren und Künstler – das ist die Bohême, die einer neuen Kultur die Wege weist.« Mühsam wird den Begriff des Lumpenproletariats auch in seinem literarischen Werk verwenden (so heißt es in dem Gedicht *Lumpenlied* anfangs: »Kein Schlips am Hals, kein Geld im Sack. / Wir sind ein schäbiges Lumpenpack, / auf das der Bürger speit«).

Mühsam versuchte, sein Bild von der Boheme auch in der Gruppe »Tat« umzusetzen, indem regelmäßig Aufforderungen an die Teilnehmenden ergingen, den fünften Stand für die Veranstaltungen zu gewinnen. Von den Künstlern waren hinreichend viele vorhanden. Graf lernte viel in diesem Kreis, ging aber auch auf Abstand. Einzelne Kerngedanken nahm er gleichwohl mit: die Kritik bürgerlicher Moralvorstellungen und den Antimilitarismus in der Gruppe, die Idee einer sozialen Utopie und die enge Verbindung von Individualisierung und Literatur.

Das Leben in der Boheme zeigte bei ihm auch lebenspraktisch Auswirkungen, die ihn in Konflikt mit seiner Familie brachten. Er gewöhnte sich den Habitus des Bohemiens an. Die Politisierung löste bei den Verwandten Erschrecken aus, sein neues Verständnis der anti-ökonomischen Haltung der Boheme brachte ihn z. B. dazu, das Ersparte auszugeben, das sein Bruder Maurus bei ihm hinterlegt hatte. Seine skeptische Haltung gegenüber nicht-künstlerischen Tätigkeiten rief in Berg Besorgnis hervor. Dennoch stellte er den Broterwerb zugunsten der künstlerischen Existenz hintan. Lesen, schreiben und diskutieren standen im Vordergrund.

FREUNDE: SCHRIMPF UND JUNG

Bei den Veranstaltungen der Gruppe »Tat« lernte Graf Georg Schrimpf, Franz Jung und Richard Oehring näher kennen. Schrimpf ließ sich 1910 nach einer Zuckerbäckerlehre und Gesellentätigkeiten in mehreren europäischen Städten in München nieder. Er war wie Graf, der von sich sagte, er habe »von Niemandem das Erzählen erlernt«, Autodidakt und brachte sich Zeichnen und Malen selbst bei. Mit ihm las Graf anarchistische Schriften von Bakunin, Kropotkin und vor allem Max Stirners *Der Einzige und sein Eigentum*. Dessen »Schlagwort darin: ›Mir geht nichts über mich!!‹«, schreibt Graf, »nahm ich auf wie ein Evangelium«. Wie eng die Freundschaft mit Schrimpf war, lässt sich auch daran erkennen, dass Graf in der Charakterisierung *Ein barockes Malerportrait*, die in dem Band *Mitmenschen* erschienen ist, im Rückblick mit der identischen Formulierung Schrimpf charakterisiert: »seit langem aber galt ihm Max Stirners ›Der einzige und sein Eigentum‹ als sein wahres Evangelium«. Beide tauschten sich intensiv aus und korrigierten sich gegenseitig. Den Weg vom

Handwerk in die literarischen und künstlerischen Kreise gingen sie gemeinsam.

Der Maler und Lebensfreund Georg Schrimpf mit seiner ersten Ehefrau, der Malerin Maria Uhden, 1917

Franz Jung, Sohn eines wohlhabenden Bürgers, kam im September 1911 zum Studium nach München. In dem Erinnerungsbuch *Der Weg nach unten* von 1961 schreibt er: »Für die Schwabinger Boheme, die fast einem Jahrzehnt deutscher Kunst und Literatur ihren Stempel aufgedrückt hat, kam ich 1911 bereits zu spät. [...] Eine gewisse Nachwirkung war zurückgeblieben, vereinzelt und beinahe schon wieder außerhalb der Zeit [...] die Boheme existierte nicht mehr. Am Kreuzwege angelangt, wies die weitere Richtung sie bereits in sozial kritischer betonte Aufgaben, so verschwommen und so illusionistisch diese auch noch erschienen sein mögen.« Für Jung ist Mühsam bereits Fossil einer vergangenen Zeit, geradezu ein Ausstellungsstück, und tatsächlich hat Mühsam den »Tat«-Kreis insbesondere von ihm und seinen Freunden bedroht gesehen.

Durch Jung kam Graf auch in Kontakt mit der Psychoanalyse, der er aber zeitlebens skeptisch gegenüberstand. Jung wurde überregional 1913 durch seinen Einsatz für Otto Gross bekannt: Das fünfte Heft der von Jung herausgegebenen Zeitschrift *Revolution* widmete sich dem Fall dieses Psychiaters, dessen psychoanalytische Ideen in der Münchener Boheme großen Anklang gefunden hatten. Gross hatte in einer Erweiterung Freuds die freie Liebe in den Vordergrund seines Therapiekonzeptes gestellt. Sie sollte eine der Voraussetzungen der

Befreiung des Einzelnen von den gesellschaftlichen Normen und Voraussetzung für den wahren Revolutionär sein. Gross' Vater hatte seinen Sohn deshalb in eine Nervenheilanstalt einweisen lassen, was zur Entrüstung führte.

Die Freundschaft zu Jung blieb für Graf ambivalent, es sei eine »Feindfreundschaft« gewesen, schreibt er in *Gelächter von außen*. Im *Nekrolog für einen Freund* von 1953 (zehn Jahre vor dem Tod Jungs nach einem Wiedersehen in New York geschrieben) schilderte er dessen Wirken in München im Kontext »rüder männlicher Kameradschaften ohne den geringsten erotischen Unterton«, die von Saufgelagen geprägt gewesen waren. Obwohl Jung »kein einnehmendes Wesen« hatte, schätzte Graf die aggressive Art, mit der er Menschen infrage stellte, ihn (aber auch seine gesamte Umgebung) dazu provozierte, Gewohnheiten hinter sich zu lassen. So verkaufte er Grafs Klassikerausgaben, um Geld für Sauftouren zusammenzubekommen, und Graf willigte ein – ausgerechnet bei Büchern, die ihm alles bedeutet hatten und die Anlass der Trennung von der Familie waren. Die permanente Infragestellung, das Erlebnis der »Bedrohung der innersten menschlichen Substanz« erfuhr Graf als Horizonterweiterung, sie faszinierte ihn zeitlebens. Jung hingegen reagierte abweisend auf den *Nekrolog*: »Er hält das Ganze für einen Freundschaftsbeweis [...] Abgesehen von einigen ungeheuren Sachen [...] war mir die ganze Sache zu dumm und zu schmutzig«, schrieb er an seine Frau Cläre. Gemeinsam scheint ihnen aber der Kampf gegen »eine mechanisch-politische Befreiung aller« gewesen zu sein und die radikale Betonung sozialer Veränderungen über die Befreiung des Einzelnen von übergeordneten Normen und Werten.

Jung, der 1912 bereits erste Publikationen vorzuweisen hatte, bildete für Graf die Schaltstelle zur Berliner Boheme bzw. Avantgarde und war eine Brücke in die dortigen literarischen Kreise. Gerade die Boheme hatte besonders stark zur Entstehung der Avantgarde beigetragen, da antibürgerlicher Habitus und antitraditionalistische, gegen den Kunst- und Literaturgeschmack des Bürgertums gerichtete Kunst sich ergänzten.

Mit Jung und Schrimpf veränderte sich Grafs »Ideenhaushalt«. Leben verstand er nun als »neu gebären«, und die Kontakte zur Avantgarde führten zu ersten literarischen Versuchen im expressionistischen Ton. Aber das Geld blieb knapp.

***Der Einzige und sein Eigentum*: Stirners Individualanarchismus**

Dieser Text Stirners von 1845 ist einer der philosophischen Bezugspunkte des Anarchismus. Stirner hat in seiner Theorie »geistige« und »extravagante Vagabonden« im Blick. »Sie bilden die Classe der Unstäten, Ruhelosen, Veränderlichen, d. h. der Proletarier«. Er gibt dem Individualismus-Konzept seiner Zeit eine neue theoretische Fassung. Zum Individuum wird man, wenn man sich von allem frei macht, was einen bestimmt, und damit auf letzte Gewissheiten verzichtet: »Ich hab' mein' Sach' auf Nichts gestellt«, schreibt er einleitend. Gemeint ist damit, dass sich der Einzelne durch keine Größe außerhalb seiner selbst legitimieren lässt. Er wendet sich dagegen, sich von einer größeren Einheit aus zu denken: dem Glauben, der Moral, der Nation. Man müsse sich selbst so denken, dass man sich das sei, was Moral, Glaube oder Nation aus einem gemacht haben. Dieses Individuum nennt er dann den Eigner, also auch den Eigener seiner selbst: »Frei bin Ich von Dem, was Ich los bin, Eigner von dem, was Ich in meiner Macht habe oder dessen Ich mächtig bin. Mein eigen bin Ich jederzeit und unter allen Umständen, wenn Ich Mich zu haben verstehe und nicht an Andere wegwerfe.« Die nihilistische Tendenz ist nicht vorrangig als Verneinung der Werte gedacht; Stirner denkt eher daran, dass die Gesellschaft einen Stand erreicht habe, von dem aus eine freie Selbstorganisation ohne regulierende Instanzen möglich sei.

VAGABONDAGE, DIE »VEGETABILE COOPERATIVE« AM MONTE VERITÀ

Nach kurzer, auch körperlich anstrengender Tätigkeit als Hilfsarbeiter entschloss sich Graf im Frühjahr 1913, mit Schrimpf einen der ›heiligen Orte‹ der Boheme, die Siedlung um den Monte Verità in Ascona, zu besuchen. Die um 1900 von München aus initiierte und ursprünglich als Naturheilanstalt geplante Landkommune zog Lebensreformer aller Couleur, aber auch Künstler, Bohemiens und Anarchisten an. Das genossenschaftliche Prinzip des Zusammenlebens beruhte auf den Grundlagen des Vegetarismus und schuf den Rahmen für alternative Lebensentwürfe. Als Graf und Schrimpf in Brione ankamen, trafen sie Bekannte aus dem Kreis um Mühsam aus München und fanden zunächst Unterschlupf in der christlichen Kolonie »Liebe«: »Jeder hatte sich eine Behausung zurechtgemacht«, schreibt Graf, »und arbeitete nur zeitweilig, um die Mußestunden seiner freien Entwicklung widmen zu können. Es waren eigentlich alles Leute mit einem geheimen Hang, sogar mit einem leichten künstlerischen Einschlag. Das Innere war das Wesentliche, und die Aufgabe des echten Anarchisten hieß: Sein Äußeres nach dem Gesetz des innersten Dranges zu formen, in größter Freiheit.«

Schrimpf fand in Ascona zu seiner Künstlerschaft, für Graf war die Reise weniger förderlich. Ihm schien alles zu ruhig zu sein. Die Lebenshaltung war ihm fremd, denn nicht nur Fleisch, Alkohol und Zigaretten waren bei den Lebensreformern verpönt. Er schloss sich gegen die Gemeinschaft ab, las und schrieb für sich. Auch ein zufälliges Treffen mit Fürst Pjotr Alexejewitsch Kropotkin, einem der Theoretiker des Anarchismus, der seit 1876 in der Region lebte, überzeugte ihn nicht wirklich. Als Schrimpf überlegte, mit der Kolonie nach Brasilien auszuwandern, hielt er ihn vom Plan ab. Beide gingen im Frühherbst 1913 zurück in den »Sumpf« der Großstadt München.

Vergleicht man die Darstellungen des Aufenthaltes am Monte Verità von Schrimpf mit derjenigen Grafs in *Wir sind Gefangene*, so fällt auf, dass Letzterer weiterhin auf der Suche nach seinem künstlerischen Weg geblieben ist. Ersterer fand Ansätze einer »revolutionären Umgestaltung der Gesellschaft« in der Kolonie, in der es sich leben ließ »wie im Paradies«; so schreibt er in einem Selbstportrait von 1923, das Grafs Buch über ihn beigefügt ist: »Alles brachte mich nun zu der Einsicht, daß der Mensch als Ich der Mittelpunkt und der Kern allen Geschehens ist: ändere ich mich zuerst von Grund aus und kehre in mich zurück, dann ist auch die Weltumänderung und die Erlösung da.« Schrimpf arbeitete im Tessin als Konditor und brachte seine Malerei voran, Graf ärgerte sich zunehmend über die »Kohlrabi-Apostel« und folgte weitgehend der Beurteilung Mühsams, der in der 1905 erschienen Schrift *Ascona* den Vegetarismus wegen seiner ›mechanischen‹ Welterlösungsformel kritisiert hatte. »Wir wollten leben«, schrieb Graf, »und die wollten sich, so schien es, nur einrichten.«

AUFENTHALTE IN MÜNCHEN UND BERLIN, ERSTE PUBLIKATIONEN

Die Vagabondage ging weiter. Im Frühherbst 1913 kehrte Graf nach München zurück und beunruhigte seine Familie durch das Aussehen eines Bohemiens, verwildert und mit langen Haaren. Wieder musste er Gelegenheitsarbeiten annehmen und kam kaum zum Schreiben. Als er in einem Tobsuchtsanfall die Backstube zerlegt, in der er arbeitete, riet Schrimpf ihm, München zu verlassen. Bis August 1914 hielt er sich daraufhin in Berlin auf und kam bei Jung unter, der inzwischen als Journalist und Wirtschaftskorrespondent tätig war und im Münchner Verlag F. S. Bachmair die Zeitschrift *Revolution* herausgab. Max Herrmann-Neisse, ein Freund Jungs, notierte im Tagebuch, zu einem Treffen seien »noch zwei schreckliche junge Kerls« dazugekommen, »sehr abgerissen, verkommen«, die er die »Jungschen Bayernlackl« nannte.

Von dieser Zeit berichtet auch Cläre Jung in ihren Erinnerungen: Graf suchte den Kontakt zur Literaturszene und knüpfte Kontakte u. a. zu Franz Pfemfert, dem Herausgeber der expressionistischen Zeitschrift *Die Aktion*, in der auch

Texte von Landauer und Mühsam erschienen. »Als Vagabund«, notierte Graf, »fand ich rasch wieder in die Kreise jener wilden Bohème [...] Die Bohemiens wußten so wenig wie ich, wohin sie eigentlich gehörten. Zwischen dem breiten Volk, dem Bürgertum und der Oberklasse bildeten sie eine eigene, ganz in sich versponnene Schicht.«

Es sollte der letzte Sommer dieser »versponnenen Schicht« vor dem Ausbruch des Ersten Weltkriegs werden, zu der sich auch der Vagabund noch zählte. Graf brachte zwei Gedichte in der *Aktion* unter: *Knaben* und *Mädchen*, die beide deutlich den Einfluss Landauers aufzeigen: Graf verwendete in seinem expressionistischen Duktus einen visionären Stil, der von sozialen Utopien handelte. Ein empathisches Ich formuliert die körperlich wahrnehmbaren Sehnsüchte der Jugend, um dann zu kontrastieren: »Doch etwas ist, das drückt uns alle nieder, / wie hemmend-schwere Last, / treibt schleppend, ziellos uns / durch nachterfüllte Straßen, / wo dunkelleuchtend, glitzernd, / verzweifelt in den Himmel jauchzend / endloses Leben still verblutet. – –« Die Lebendigkeit des Einzelnen reibt sich wund an dem Versuch, die soziale Utopie des sinnlichen Menschen zu realisieren.

Die erste heute bekannte Publikation Grafs erschien 1912 in *Der Anarchist. Organ zur Propaganda des Anarchismus und Sozialismus*; seine zweite Publikation in der neunten Nummer der Zeitschrift *Jugend* von 1914 zeigt einen Autor, der sich in Bildlichkeit und Form der zeitgenössischen Literatur eingearbeitet hat und sich anschickt, sie bis zur Publikationsreife zu beherrschen. Keine drei Jahre nach dem Weggang aus Berg verarbeitete Graf in dem Prosagedicht *Wintererlebnis* ästhetizistische Themen kritisch (auf der gleichen Seite befindet sich übrigens auch ein Gedicht von Mühsam, dem möglicherweise die Publikation zu verdanken war):

> »Lange war ich ihr gefolgt. Sie schritt so verstohlen durch das Schneegestöber. Kein Mensch beachtete sie. – –
> Nachdem sie in die dunklen Anlagen eingebogen war, ließ sie sich, langsam auf eine verschneite Rasenbank nieder. – –

Die Flocken fielen leise hernieder und die Lichter der Straße stachen scheu durchs Dunkel der kahlen Bäume.

Zusammengekauert, zitternd, wie ein halberfrorener Vogel saß sie da und blickte hoffnungslos ins Dunkel. – –

Ach diese Augen, – diese Augen, fragt sie nicht, fragt sie nicht! –

– – Sie ist jetzt im Himmel. – –«

Graf beherrscht sein Sujet sprachlich zwar nicht bis ins letzte Detail (»Sie ist jetzt im Himmel«), aber er kann große Themen der Literatur bearbeiten und individuell variieren: Das Ophelia-Motiv scheint durch, das durch Arthur Rimbauds *Ophélie*, in der Lyrik nach 1900 u. a. Rainer Maria Rilke, Gottfried Benn und Georg Heym aufgegriffen haben, aber auch ein Thema aus Charles Baudelaires *An eine, die vorüberging* klingt an: die anonyme Blickkonstellation zwischen Mann und Frau in der Anonymität der Großstadt. Im Gegensatz zum Ästhetizismus der Zeit nimmt Graf aber die Armut seiner Figur ernst. Soziale und ästhetische Situation bedingen sich gegenseitig.

3 Kriegs- und Revolutionsjahre

ALS PAZIFIST IM KRIEG

Der erfolgversprechende Anfang als Autor wurde jäh durch den Ausbruch des Ersten Weltkriegs unterbrochen. In Berlin enttäuschten die Intellektuellen und ihre Haltung zum Krieg Graf politisch und moralisch. Viele meldeten sich freiwillig, er stand wieder »alleine« da. Er sei Antimilitarist schon im tiefsten Frieden gewesen, schreibt er rückblickend. Die »Zweite Internationale«, der übernationale Zusammenschluss von Arbeiterorganisationen, versagte für ihn im Großen ebenso wie viele seiner Bekannten im Kleinen. »Alle Räder stehen still, wenn dein starker Arm es will«, lautete es noch vor dem Kriegsbeginn. Es gab europaweit Demonstrationen gegen den sich anbahnenden Ausbruch, teilweise mit bis zu 500.000 Teilnehmern. Nun suchten die wenigen verbliebenen Pazifisten nach persönlichen Auswegen aus der Situation. Im Freundeskreis um Jung, der sich zunächst freiwillig meldete, 1915 jedoch desertierte, wurden Möglichkeiten ausgetauscht, sich dem Kriegsdienst zu entziehen. Schrimpf hatte sich so lange in die Kälte gestellt, bis er an Rheuma erkrankte. Jung, Oehring, aber auch George Grosz und Graf kamen in Kliniken und wurden, wie sich Cläre Jung erinnert, psychiatrisch auf ihre Kriegstauglichkeit hin untersucht.

Graf fuhr erst zur Musterung nach München, als man ihm zur pflichtgemäßen Gestellung in der Kaserne die Zugfahrt bezahlte. Im Dezember wurde er vereidigt und nach der Grundausbildung, in der er sich möglichst ungeschickt anstellte, mit der »Eisenbahntruppe zur besonderen Verwendung Nr. 2« an die russische Front verlegt. Nach einem Lazarettaufenthalt im Mai 1915 wurde er als Ordonnanz eines Stabsoffiziers der Eisenbahntruppen wieder an der Front im Osten eingesetzt. In den darauffolgenden Monaten widersetzte er sich durch kleine und größere Schweijkiaden den Befehlen der Vorgesetzten. Er versuchte seine Individualität innerhalb der Militärmaschinerie zu behaupten und gleichzeitig dem Militär zu entkommen. Im Januar 1916 kam es wiederum zur Befehlsverweigerung, als er einem toten Pferd die Haut abziehen sollte. Wegen seiner tölpelhaften, mitunter paradox erscheinenden Reaktionen und dieser Befehlsverweigerung erhielt er Arrest und wurde nach einem Hungerstreik psychiatrisch untersucht. Die Diagnose lautete »Idiot«. Zur endgültigen Klärung des Falls kam er in die psychiatrischen Kliniken in Görden bei Brandenburg und Haar bei München.

Der Weg aus dem Militär war hart: Graf kämpfte sich mit einer gehörigen Portion Aggressivität, dem Lachen über die absurde Situation, mit Hungerstreik und vorläufigem Verstummen durch das Jahr 1916, bis er im Dezember schließlich aus der Klinik in Haar als »dienstunbrauchbar« entlassen wurde. Er hat diese Episode in der dritten Auflage des *Lebens meiner Mutter* als Simulation einer Kriegsneurose dargestellt. Gleichwohl gibt es Gründe anzunehmen, dass die Sache ernsthafter verlaufen ist als seine Darstellung nahelegt. Wenn er über die letzte Phase seines Aufenthaltes in der Psychiatrie schreibt, »Krepieren oder frei werden, wiederholte ich in Gedanken und knirschte in mich. Alle bemißtraute ich. Jedermann war mein Feind«, kann man annehmen, dass aus der Simulation eine tatsächliche psychische Erkrankung durch die belastenden Umstände und die Behandlung in der Klinik mit Elektroschocks und Dauerbädern folgte. Peter Sloterdijk spricht von einer Traumatisierung Grafs in der Psychiatrie. Die zeitnahen Quellen legen diese Ansicht zumindest nahe. In einem Brief an eine Bekannte, Hanna Romacker, schreibt Graf im Januar 1916: »Seit Ende Januar [1915, Anm. d. A.] schwer nervenleidend«, »ich schäme mich« und: »vergessen Sie mich ganz und gar«.

Scham ist ein Gefühl, das Graf in seinen Werken immer wieder anspricht. Anfänglich als die Scham desjenigen, der in eine soziale Schicht kommt, deren Regeln und Inhalte ihm fremd sind, nach der Militärerfahrung auch als eine Scham, die nicht wenige Kriegsheimkehrer betrifft. Helmut Lethen hat diesen Aspekt als Scham über die Desintegration beschrieben: Die Erfahrung der Greul des Krieges macht es den Heimkehrenden schwer, ihren gewohnten Platz in der Zivilgesellschaft einzunehmen. Sie müssen eine Normalität vorspielen, die sie innerlich verloren haben. Für jemanden wie Graf, der gegen die entmenschlichenden Erfahrungen mit einem prügelnden Bruder vor dem Krieg die individuelle künstlerische Entfaltung betont hat, ist die verdinglichende Erfahrung des Krieges und der Psychiatrie, deren Ziel es war, Kriegsneurotiker brachial zur Normalität zu zwingen, besonders schwer. Er hatte sein Ziel erreicht, sich dem Kriegsdienst zu entziehen, ohne unter die entsprechenden gesetzlichen Paragraphen zu fallen: »Ich war überhaupt kein Soldat!«, heißt es im *Leben meiner Mutter*. Der Preis dafür war ein hoher.

WIEDER IN MÜNCHEN

Normalität wiederherzustellen hieß für Graf, als Autor zu wirken und das Erlebte exemplarisch zum Ausdruck zu bringen. Schon 1915 veröffentlichte er in der ersten Nummer der in Berlin erscheinenden Zeitschrift *Die freie Straße*, einer von Otto Gross und Franz Jung geplanten und von Letzterem herausgegebenen Zeitschrift, die kurze Erzählung *Aus der Mühle*. Er muss sie während seiner Militärzeit geschrieben haben, denn er parallelisiert darin die Erinnerungen an die Arbeit in einer Mühle mit den Kriegserfahrungen. Schrimpf, der zu dieser Zeit in Berlin lebte, gehörte wie Oehring zu den Mitarbeitern der Zeitschrift. Die Titel der Beiträge deuten die Themen schon an: *Du bist nicht krank!*, *Der Käfig* oder *Feinde ringsum* setzen auf den Einzelnen und plädieren für die Auflösung des Staates. Während der Militärzeit hatte Graf festgehalten: »Die Masse macht es nicht! Der Einzelne muss es machen.«

Auch in der zweiten Ausgabe der Zeitschrift von 1915, die von Schrimpf illustriert und herausgeben wurde, war Graf mit einem Beitrag zu einer Graphik seines Freundes vertreten. Ziel sei es, so Schrimpf im Nachwort, den Mitarbeitern nahestehende Menschen zu einem »großen Bekennen« aufzurufen, das aus keinem festen Programm besteht, aber »auf der Kraft und Sicherheit des einzelnen« beruht, »der von vornherein restlos von sich überzeugt ist«. Die Formulierung war nicht narzisstisch gemeint, vielmehr zeigte sie das Therapiekonzept des

Graf mit Karoline Bretting und Mirjam Sachs, um 1918

Freundeskreises gegen die Kriegserfahrungen an. Alle setzten weiterhin auf die künstlerische Kraft des Individuums und den Dialog untereinander. Es ist kein Zufall, wie Gerhard Bauer recherchiert hat, dass Graf noch in der Psychiatrie einen Artikel über *Die Beziehung als Weg zu einer neuen Ethik* schrieb. Der Ansatz ähnelt der *talking cure* nach Freud, ist aber stärker in die soziale Praxis integriert. Nicht nur deshalb liegt hier eine der Keimzellen von *Wir sind Gefangene* von 1927, einem, wie es im Untertitel heißt, *Bekenntnis aus diesem Jahrzehnt*.

Nach der Entlassung aus Haar blieb Graf in München und fand Arbeit in einer Keksfabrik. Das Leben in München hatte sich durch die ersten Kriegsjahre stark verändert. Franziska zu Reventlow, die *Grande Dame* der Boheme, schrieb über ihren Aufenthalt im Juni 1916 in der Stadt: »Man sprach nicht mehr von Siegen, von Helden, vom ›fröhlichem Krieg‹ oder vom ›deutschem Wunder‹. Jede Unterhaltung endete stets mit der Knappheit der Lebensmittel, mit der Rationierung des Brotes, mit den alltäglichen Schwierigkeiten – in einem Wort: mit der Frage des Magens. Man fragte nicht mehr: ›Werden wir gewinnen?‹, sondern: ›Was werden wir essen?‹. Man schwärmte nicht mehr für die Gottheit Hindenburg und für ›die unvergleichliche Organisation‹, sondern man setzte seine Hoffnung in Batocki, den Lebensmitteldiktator, und man klagte über die massive Desorganisation in vielen Bereichen. Regelmäßig erhielt man zwar die Lebensmittelkarten und Kupons, aber es war eine andere Sache, die Rationen dann auch zu bekommen. Die berühmte deutsche Rechtschaffenheit machte eklatant Bankrott, man hörte nur noch von Betrug, von illegalem Handel, von skandalösen Prozessen.«

ERSTE UNGLÜCKLICHE EHE

Die Arbeit in einer Keks-, später in einer Brotfabrik war für Graf zunächst von Vorteil, weil er an Grundnahrungsmittel herankam. Hier mögen auch die Anfänge der Schwarzmarktgeschäfte gelegen haben, auf die er sich einließ, um sich, Freunde und Bekannte mit Nahrungsmitteln zu versorgen. Daneben versuchte er, ein Stipendium von privater Seite als Schriftsteller zu erhalten. Roman Wörner, Professor an der LMU, half ihm weiter. Geld verdiente Graf aber auch mit Rezensionen für Zeitungen. Er arbeitete als Literatur-, später als Kunstkritiker, eine Tätigkeit, die ihm Schrimpf empfohlen und mit der er auf dem Zeitschriftenmarkt Erfolg hatte. Insgesamt erschienen in den Jahren 1917/18 mehr als 30 Besprechungen, Artikel allgemeinerer Art, Aphorismen und Gedichte. Schrimpf kam Anfang 1917 für einen kurzen Aufenthalt und dann im Mai, frisch vermählt mit der Malerin Maria Uhden, endgültig nach München zurück. Graf sollte sich auf seine Bitte hin um eines seiner Modelle kümmern, Karoline Bretting, mit der er eine kurze Affäre hatte, die am 26. Mai, zeitlich fast parallel zu Schrimpf, in eine Ehe mündete. Diese verlief jedoch von Anfang an unglücklich. Das Paar trennte sich bereits nach einem Jahr. Die im Juni 1918 geborene gemeinsame Tochter Annemarie, genannt Annamirl, brachte Graf zur Mutter nach Berg, wo sie auch aufwuchs.

So unglücklich wie die Beziehung zu Karoline entwickelte sich zunächst auch diejenige zur Tochter. In *Wir sind Gefangene* schreibt Graf über die Geburt: »Ich lief herum und machte

Jugendbild von Mirjam Sachs, der späteren Ehefrau Grafs

Geschäfte. Erst am andern Tag besuchte ich Mutter und Kind. Verlegen spielte ich den hocherfreuten Vater.« Laut Aussagen der Tochter kam ein intensiveres Kennenlernen zwischen beiden erst nach 1958 zustande. Graf besuchte seine Tochter in den 1920er-Jahren und stand mit ihr auch im Briefkontakt. Im Exil distanzierte er sich von ihr. Im Gedicht *Brief eines Emigranten an seine Tochter*, datiert vom Januar 1938, kritisierte er seine nun 20-jährige Tochter für ihre Haltung zum Dritten Reich: »Kind, du schreibst mir aus der Heimat [...] Kind du schreibst vom Krieg fast lustig [...] / Kind, beim Lesen stockt mein Atem! [...]« Annamirl wurde Haushälterin. Zum Ende des Krieges fand ihre leibliche Mutter ebenfalls in Berg Unterschlupf, so dass Karoline Bretting und ihre Tochter in den wenigen noch verbliebenen Lebensjahren der Mutter zusammen sein konnten. Annemarie starb im Dezember 2008 in Berg.

Oskar Maria Graf und Mirjam Sachs, um 1954

MIRJAM SACHS

Über seine erste Frau lernte Graf seine spätere Lebensgefährtin Mirjam Sachs kennen, mit der er von 1918 bis zu ihrem Tod 1959 zusammenlebte. Geheiratet haben beide erst 1944 in New York, nach einseitiger Scheidung von Karoline Bretting. Mirjam Sachs wurde 1890 in einer jüdischen Familie in Berlin geboren. Als Graf sie kennenlernte, studierte sie in München, schrieb wie er Gedichte – drei sind in Publikationen nachweisbar – und war mit Rilke befreundet. Die kleinste menschliche

Einheit sind zwei, hat Brecht geschrieben, und so muss man sich das Zusammenleben der beiden vorstellen. Sie war der Fixpunkt in Grafs Leben, die beruhigende Kraft neben seinem aufbrausenden Wesen. In München hat sie als Auslandskorrespondentin für den Unterhalt beider gesorgt und im US-Exil als Sekretärin. Einer ihrer Stiefbrüder, Manfred Georg, verfasste 1927 das Vorwort zu Grafs *Licht und Schatten* und arbeitete unter dem Namen George im Exil ab 1938 in New York beim *Aufbau* mit, jener Zeitschrift, bei der Mirjam als Sekretärin tätig wurde.

Über Mirjam Sachs ist vergleichsweise wenig bekannt. Die »schöne«, »feine« und »kluge« Lebensbegleiterin Grafs teilt diesbezüglich das Schicksal vieler Ehefrauen. Sie war für Graf »die große Helferin seines Lebens«. Er beschreibt sie in der Beziehung zu sich als »aufreizendes Gegenstück«, eine »überpreußisch korrekte Jüdin in ihrer fast männlichen Nüchternheit«. Gleichwohl scheint sie bei ihm den Ton gefunden zu haben, der beide zusammenhielt. So überliefert er ihren verärgerten Kommentar angesichts seines exzessiven Lebens: »Was will man machen? […]. Die Liebe ist wie der Tau – fällt bald auf die Rose, bald auf die Sau.«

KRITIKER UND LYRIKER

Nach einem Artikel in den *Münchner Neuesten Nachrichten* vom 30. März 1917, in dem Graf über zwei Träume berichtete, die vom Krieg handeln, bat ihn der namensgleiche Kriegsmaler Oskar Graf um eine Namensänderung. Graf nannte sich fortan auf Vorschlag eines Freundes, des Malers Carlo Holzer, Oskar *Maria* Graf, eine Reminiszenz an den von ihm hoch verehrten Lyriker Rainer Maria Rilke. Für alle einfachen Beiträge wollte er sich Oskar Graf-Berg nennen, für alle anspruchsvollen Oskar Maria.

Unter dem Namen Oskar Maria Graf publizierte er 1918 im Dresdner Verlag von 1917 einen schmalen Band mit sechs Gedichten, die als Sonderveröffentlichung aus dem angekündigten, aber nie erschienenen Band *Aufstieg* stammen sollten: *Die Revolutionäre*. Er hat sich später für den Band entschuldigt.

Er sei »etwas schrecklich Blamables«, »wie freche Charlatanerie in der Jugend«, schrieb er 1954 der Verlegerin Hilde Claassen. Gleichwohl sind die Gedichte 1918 *state of art* und zeigen seine Zugehörigkeit zum politischen Expressionismus mit einer bemerkenswerten Präzision in der Gedanken- und Bildführung. Der Ideenhaushalt, den er aus der Gruppe »Tat« mitgenommen und während des Weltkriegs im Kreis der Freunde um die *Freie Straße* weiterentwickelt hatte, dominierte auch die Gedichtauswahl. Das Motto stammte aus dem *Gesang von der freien Straße* von Walt Whitman und war nicht zufällig. Es betont die Wirkung der Gedichte, auf die es Graf ankam: »Wir überzeugen durch unsere Gegenwart.«

Graf übernahm von Whitman auch die Haltung des lyrischen Ichs. Dieser schrieb im Gedicht *Von Paumanok kommend* im siebenten Abschnitt: »Ich trete hervor aus dem Volk im Geiste des Volkes. / Hier ist, was grenzenloser Glaube singt.« Genau diesen Gesang intoniert Graf in den Gedichten vor dem Hintergrund der anarchistischen Lehren Mühsams und Landauers. Einleitend betont er das »Volk«, das durch den einzelnen spricht: So »sing ich das Lied / das Lied aller entschundenen Geschlechter durch mich.« Das lyrische Ich singt um des Ichs der anderen willen. Es ist Mittel für das »unaufhörliche Beginnen« der Utopie. Das »ganze Sehnen« dient dazu, die Nation »volkhaft« (übernational) umzugestalten.

Im Rückblick von 1954 mag Graf sich dafür entschuldigt haben, dass die Gedichte nicht einfach zu verstehen sind. Gleichwohl ist das titelgebende Thema »Revolutionäre« dominant, wenn man das Individuum, von dem aus eine Veränderung ausgehen soll, in den Vordergrund rückt. Graf ringt noch um seine Position. Er versucht, eine literarisch-politische Antwort auf die erfahrenen Wirren des ersten Lebensabschnittes zu finden. Er war zu diesem Zeitpunkt 24 Jahre alt, hatte einen prügelnden Bruder überstanden, saß mehr als ein halbes Jahr in der Psychiatrie, der Krieg neigte sich dem Ende zu, seine Ehe war gescheitert und alle Bemühungen, als Autor zu leben, waren von der Notwendigkeit der Aushilfstätigkeit in Bäckereien geprägt. Und dann kam die Revolution.

1918 – DAS JAHR DER REVOLUTION

In den letzten beiden Kriegsjahren kam es im Deutschen Reich wiederholt zu Massenkrawallen. Der »Brotstreik« im April 1917 richtete sich vor allem gegen die schlechte Lebensmittelversorgung, der »Januarstreik« 1918 zielte nicht nur auf eine grundsätzliche Verbesserung der Lebens- und Arbeitsbedingungen, sondern auch auf eine Beendigung des Krieges und eine Demokratisierung der Gesellschaft. Die Bedingungen der Protestierenden waren der Not geschuldet. Graf solidarisierte sich allein schon aufgrund ihres Ungehorsams gegenüber Militär und Regierung mit ihnen. Er fand jedoch eigene Antworten auf die schwierige Lage. Einerseits sorgten eine Zufallsbekanntschaft mit Anthony van Hoboken, dem wohlhabenden holländischen Musikwissenschaftler und späteren Herausgeber des Haydn-Werksverzeichnisses, sowie mit schlechtem Gewissen betriebene Schiebergeschäfte für den eigenen Lebensunterhalt; andererseits wurde Graf politisch aktiver.

Die Revolution in München 1918/19

Am 7. November 1917 floh Ludwig III. aus München, als sich unter Führung Kurt Eisners Protestierende und spontan meuternde Soldaten von der Theresienwiese aus vor die Residenz begaben und »Wir brauchen keinen König mehr« skandierten. Angesichts des Demonstrationszugs löste sich die Residenzwache auf. Ohne dass es zu Blutvergießen gekommen wäre, wachten am 8. November die Menschen in Bayern auf und hatten keine Monarchie mehr.

Alle Beteiligten einigte die Forderungen nach der Beendigung des Krieges und der Demokratisierung der Gesellschaft. Im ganzen Land bildeten sich Räte. Regiert wurde Bayern vom »Provisorischen Nationalrat Bayerns«, bestehend aus Mitgliedern der USPD und der SPD. Bei der Wahl am 12. Januar 1919 bzw. am 2. Februar in der Pfalz gewann die Bayerische Volkspartei knapp 35 %, die Deutsche Volkspartei 15 % und die SPD Bayerns knapp 33 % der Stimmen. Die USPD kam auf 2,5 %.

Damit gab es für die sozialistischen Parteien keine Möglichkeit, aus eigener Kraft eine Regierungsmehrheit zu stellen. Am 21. Februar, dem Tag, an dem Eisner seinen Rücktritt erklären wollte, wurde er von Anton Graf von Arco auf Valley ermordet, der der antisemitischen Thule-Gesellschaft nahe stand. Damit endete die erste Phase der Revolution in Bayern.

In der zweiten Phase übernahm zunächst der »Zentralrat der Republik Bayern« mit dem Vorsitzenden Ernst Niekisch die Regierungsgewalt. Der Rat bestand aus Vertretern der unabhängigen und Mehrheitssozialdemokraten, des Bayerischen Bauernbundes und Abgeordneten der Gewerkschaft. Er stimmte zu, dass die vom Parlament gewählte Regierung Hoffmann (unter Einschränkungen) ab dem 17. März ihre Arbeit aufnehmen sollte.

Die dritte Phase begann am 7. April im Wittelsbacher Palais mit der Ausrufung der »Räterepublik Baiern« und der Schließung des bayerischen Landtags. Die vom Landtag gebildete Regierung unter Johannes Hoffmann floh nach Bamberg. Ernst Toller, Vorsitzender der USPD, übernahm die Aufgabe des Vorsitzenden des »Revolutionären Zentralrats Baierns«.

In der vierten Phase wurde am 13. April 1919 im Hofbräuhaus die kommunistische Räterepublik mit Eugen Leviné als Vorsitzendem des Vollzugsrats ausgerufen. Vorausgegangen war der Palmsonntagputsch, bei dem die Republikanische Schutztruppe der Regierung Hoffmann mehrere Mitglieder des Zentralrats verhaftete. Am 27. April wurde Toller erneut beauftragt, die Räterepublik zu führen. Die Verhandlungen mit der Regierung Hoffmann scheiterten allerdings. Am 1. und 2. Mai nahmen Freikorpsverbände im Auftrag der Regierung Hoffmann zusammen mit paramilitärischen Einheiten München ein.

Jubelnde Soldaten vor dem Mathäserbräu, 8. November 1918

Auf Empfehlung von Franz Jung wendete sich Paul Guttfeld (»Pegu«), der nach seine Desertion aus Berlin nach München geflohen war, an Graf und Schrimpf. Gemeinsam planten sie die Herausgabe der *Denkschrift des Fürsten Lichnowsky, Meine Londoner Mission 1912–1914*. Es handelte sich um eine Schrift des ehemaligen deutschen Botschafters in London, in der die deutsche Regierung für das Scheitern der Gespräche mit England und den Kriegsausbruch verantwortlich gemacht wurde. Das Buch kursierte in linken und pazifistischen Kreisen. Es wurde z. B. 1918 in Bern »von einer Gruppe von Friedensfreunden« herausgegeben, kommentiert und ergänzt durch eine ausführliche Rezeptionsgeschichte. Graf, Schrimpf und Guttfeld hatten einen ähnlichen Plan. Sie wurden aber Ende Januar von der Druckerei, der sie den Auftrag erteilen wollten, denunziert und festgenommen. Graf kam für zwei Tage in Haft, genau in der Zeit, in der der Munitionsarbeiterstreik in München stattfand.

Die finanzielle Lage blieb weiterhin unsicher. Graf nahm aus Geldmangel eine Aushilfstätigkeit bei der Post an. Aufgrund von weiteren »Bettelbriefen« erhielt er ein Stipendium von Hertha König, der Frau von Professor Roman Woerner, die auch Rilke unterstützte.

Graf wurde auswärtiges Mitglied in der »Expressionistischen Arbeitsgemeinschaft Dresden«, einer Gruppe um den Maler Conrad Felixmüller, den Dichter Walter Rheiner und den Verleger Felix Stiemer, in deren Umfeld seit Januar 1918 die linkssozialistische Zeitschrift *Menschen* erschien. Die Juni-Ausgabe brachte sein Gedicht *Die Hassenden*, die August- und Novemberausgaben zwei Prosaskizzen. Graf publizierte aber auch in der Konkurrenzzeitschrift *Neue Blätter für Kunst und Dichtung*.

Der Kontakt kam wohl auch aufgrund des intensiven Austausches zwischen der Münchner und der Dresdener Kulturszene zustande. Felixmüller stellte in der Münchener Galerie von Hans Goltz aus. Stiemer kam während der Revolution in die Stadt und blieb auch nach seiner Ausweisung aus Bayern 1919 mit der Buchhandlung »Die Bücherkiste« verbunden, in deren Verlag Grafs zweiter Gedichtband erschien. Graf publizierte auch in Zeitschriften, in denen künstlerische Arbeiten von Felixmüller aufgenommen wurden, wie *Die Sichel* (Regensburg) oder die *Rote Erde* (Hamburg). Während er in Kreisen des politischen Expressionismus bekannter wurde und ein Netzwerk aufbaute, wartete er in München »verzweifelt [...] auf den jähen Ausbruch der Revolution«. Er besuchte u. a. Diskussionsabende mit Kurt Eisner in der Gaststätte »Zum goldenen Anker«, an denen auch viele der führenden Köpfe der Revolution teilnahmen – neben Mühsam und Toller Felix Fechenbach, Hans Unterleitner oder Josef Sontheimer.

Während des Ausbruchs der Revolution beteiligte sich Graf am Geschehen; so nahm er schon zu Beginn am 7. November 1918 am Marsch der Protestierenden von der Theresienwiese zu den Kasernen teil. Am 9. November rief Jung ihn und Schrimpf nach Berlin. Im Kreis der Mitarbeiter der Zeitschrift *Aktion* wurde überlegt, wie man die Revolution unterstützen könne. Graf eilte sofort nach Berlin – er suchte aber lediglich nach einem Verleger, wie Cläre Jung sich nicht ohne Ironie erinnert, und fuhr, weil man sich in der Gruppe nicht auf Aktionen verständigen konnte, bald wieder nach München zurück.

Literaten und Intellektuelle in der Revolution

An den revolutionären Ereignissen waren nicht wenige Intellektuelle und Literaten beteiligt. Mühsam war u. a. Mitglied im Revolutionären Zentralrat, wurde aber bereits am 13. April festgesetzt; Ret Marut (später B. Traven) war Leiter der Presseabteilung des Revolutionären Zentralrats während der ersten Räterepublik und für Zensurfragen zuständig; Landauer, der dem Ruf Eisners nach München folgte, wurde während der ersten Münchner Räteregierung »Volksbeauftragter für Volksaufklärung« des Revolutionären Zentralrats. In einzelnen Räten organisierten sich weitere Schriftsteller: so im »Rat der geistigen Arbeiter«, im »Politischen Rat der geistigen Arbeiter«; die Künstler, darunter Schrimpf, kamen im »Aktionsausschuss revolutionärer Künstler« zusammen.

Die starke Beteiligung von Literaten, Künstlern und Intellektuellen sorgte bei vielen für Skepsis; später wurden daraus Vorurteile generiert, die zu ihrer Verfolgung führten. Victor Klemperer berichtete über die Ereignisse und das Bild der Revolutionäre in einem der ersten Beiträge für die *Leipziger Neuesten Nachrichten:* »In anderen Revolutionen, in anderen Zeiten, an anderen Orten tauchen die Führer von der Straße, aus Fabriken, aus Redaktions- und Rechtsanwalts-Schreibstuben auf. In München sind sie vielfach aus der Bohème gekommen. [...]. Der Zusammenhang zwischen Bohème und Politik ist hier in München der denkbar engste. Die Münchner Bohème ist eine Fremdenlegion, erhalten zur Belustigung, zur Gaudi des Münchener Bürgers. Und jetzt ist an die Stelle der künstlerischen Belustigung die politische Gaudi getreten.«

Graf korrespondiert in der Einschätzung durchaus mit Klemperer, wenn er in *Wir sind Gefangene* bedauernd schreibt: »Ich war traurig und verbissen. Diese Münchner Revolution war ein Gaudium für ihre Gegner. Sie war langweilig, sie war harmlos, sie war unerträglich. Sie war eine Posse, und noch dazu eine schlechte.«

Grafs am häufigsten zitierte Stellungnahme zur Revolution wurde nicht weniger oft missverstanden: »Ich dichtete und lief in der Revolution herum.« »Herumlaufen« meint in diesem Fall keineswegs Orientierungslosigkeit. Er hatte eine Vorstellung von sozialen Bewegungen. Sie beruhte auf dem anarchistischen Konzept des Einzelnen, der sich verändern müsse, damit aus der Vielzahl der individuellen Veränderungen eine andere Gesellschaft entstehen könne. Verbunden damit war die Absage an Gewalt. Eine bloß »mechanische« Veränderung der Gesellschaft durch die Inthronisation neuer Herrschaften war seine Sache nicht. Er nahm im Grunde genommen eine Position ein, wie sie viel später der französische Soziologe Pierre Bourdieu formulieren sollte. Dieser hat die Möglichkeiten einer Revolution ausgesprochen skeptisch beurteilt. Letztendlich würde sich das hierarchische soziale Feld nicht ändern, sondern lediglich diejenigen, die herrschten. Die Erinnerungen in *Gelächter von außen* weisen in die gleiche Richtung.

Graf suchte nach Anknüpfungspunkten in dem revolutionären Geschehen. Für die Räte-Idee trat er zwar ein und war während der letzten Phase der Revolution mit Ado von Achenbach sporadisch für den Zensurrat tätig. Gleichzeitig fragte er im Rückblick: »Glaubte ich wirklich an eine Revolution? Ich wußte nur dies: Seitdem mich bei Kriegsausbruch jene Intellektuellen, denen ich völlig vertraut hatte, durch ihr Freiwilligmelden so tief enttäuscht hatten, verachtete ich die Menschen und zweifelte an allem.« Auch deshalb »lief er in der Revolution herum«.

Am ehesten wäre noch an Landauer anzuknüpfen gewesen, dem eine gewaltfreie Haltung vorschwebte, bei der der soziale Raum sich zu einem inneren transformieren sollte, den die Einzelnen als ihren eigenen erleben können. Aber er beklagte in einem Brief an Toller das Verfehlen der sozialen Utopie durch Gewalt: »Ich verstehe unter dem Kampf, der Zustände schaffen will, die jedem Menschen gestatten, an den Gütern der Erde und der Kultur teilzunehmen, etwas anderes als Sie. Der Sozialismus, der sich verwirklicht, macht sofort alle schöpferischen

Kräfte lebendig: in Ihrem Werke aber sehe ich, daß Sie auf wirtschaftlichem und geistigem Gebiete [...] sich nicht darauf verstehen. Es liegt mir fern, das schwere Werk der Verteidigung, das Sie führen, im geringsten zu stören. Aber ich beklage aufs schmerzlichste, daß es nur noch zum geringen Teil mein Werk, das Werk der Wärme und des Aufschwungs, der Kultur und der Wiedergeburt ist, das jetzt verbreitet wird.«

Graf steckte die Erfahrung der Gewalt durch seinen inzwischen im Krieg gefallenen Bruder Max in den Gliedern, er hatte die Erlebnisse beim Militär noch deutlich vor Augen und konnte die Frage nach der Gewalt nur ablehnen, auch wenn er die Revolution begrüßt hatte. Erneut war seine Haltung dem Stresstest des Lebens ausgesetzt. Streiks erschienen ihm schon vor den Novemberereignissen als legitimes Mittel der Auseinandersetzung. Aber Gewalt? In *Wir sind Gefangene* hält er nicht ohne Zynismus fest, dass bei einem Generalstreik kaum einer mitmachen würde, beim »Schießen« aber alle dabei seien: »Dann aber«, folgert er, »sind wir alle verloren ... Die Revolution und wir ... alles.«

Sein Beitrag konnte nur darin bestehen, sein pazifistisches Konzept an der Basis zu vermitteln. Sepp Lutz, ein Rotgardist, berichtet in den Erinnerungen, dass Graf Seminare über die Arbeiterbewegung und das Rätesystem abgehalten habe: »Des ist im Tagesbefehl drin gestanden: Heute Abend Lehrgang mit Oskar Maria Graf. Und da bist du auch hingegangen. Das war in Schwabing draußen und so an dreihundert Mann waren immer im Saal. Des war immer interessant. Da hast du viel von der Vorgeschichte gehört, über die Entwicklung des Kapitals und so weiter. Ein Professor hätt's net besser machen können [...] Des war a Brocken Mannsbild, der war gut beieinander. [...] Der hat ja zu essen und zu trinken wahrscheinlich genug gehabt. Und a Geld muß er auch gehabt haben. Der muß doch a Geschäft gemacht haben mit seine Bücher. Nur, dann ist er ja a rechter Säufer geworden, und das war schad für den Mann. Der hat ein Wissen gehabt! Das hat schon Händ und Fuß gehabt, wenn der so a Seminar abgehalten hat. Da hat's nix drüber geben.«

Graf selbst berichtet von einer Aktion Anfang Dezember 1918, für die er bei Hertha König Geld eingeworben hatte, um auf einer Veranstaltung den Bund »Freier Menschen« zu gründen. Der Titel war Programm, weil er auf den Einzelnen setzte. Er wollte die Zustimmung aller, oder doch möglichst vieler erreichen. Sein Ziel war es, »daß alle Schichten erst einmal vollkommen einverstanden sind mit der neuen Zeit, dann geht es auch vorwärts«. In der politisch und militärisch angespannten Situation konnte unter den Zuhörern der Veranstaltung im Mathäser-Bräu, einem zentralen Ort der Revolution, kein Konsens hergestellt werden. Die Aktion mag politisch naiv gewirkt haben, gleichwohl zeigt sie die Vorstellung Grafs von der Umgestaltung der Gesellschaft. Entsprechend zog er die Konsequenzen: »Ich schwor mir, kein Unternehmen mehr anzufangen und begann wieder zu dichten.«

Nach eigenem Bekunden wurde Graf erst mit dem Ende der Revolution zum Revolutionär: »Erst als ich beim Einmarsch der Regierungstruppen als verdächtiger Räterepublikaner verhaftet und eingesperrt worden war und das wirkliche Arbeiterschlachten in München miterlebte, empfand ich nach und nach, daß sich eine Klärung in mir vollzog. Ich wurde tatsächlich Revolutionär. Der Kampf gegen die sogenannte Ordnung wurde innerster Antrieb in mir.« Das politische Konzept der »Ordnungszelle Bayern«, auf das er sich im Zitat bezieht, ging auf Gustav von Kahr, den bayerischen Ministerpräsidenten 1920/21, zurück. Ausgehend von konservativ-nationalistischen Positionen war es in der Grundidee, »Ruhe und Ordnung« wiederherzustellen, vor allem antikommunistisch und antisemitisch ausgerichtet. Ohne dass der Name des Autors in der Öffentlichkeit bekannt wurde, unterstützte z. B. Ludwig Thoma im *Miesbacher Anzeiger* den Kurs Kahrs durch Hetzschriften.

Auswirkungen der neuen Ordnung erfuhr Graf am eigenen Leib, als er am 14. Mai wegen seiner Mitarbeit im Zensurrat verhaftet wurde. Gefangengenommene konnten nicht mit einem rechtsstaatlichen Verfahren rechnen; so wurde z. B. Landauer von dem Offizier Heinrich Freiherr von Gagern in der Haft schwer misshandelt und niedergeschlagen und von einem unbekannt gebliebenen Mitglied der Weißen Garde erschossen; seine Leiche wurde gefleddert.

Graf entging einer weiteren Verfolgung. Dank des Einsatzes seiner Lebensgefährtin sowie der Fürsprache Rilkes und Professor Woerners kam er nach zwölf Tagen ohne Gerichtsverhandlung wieder frei.

4 Die Aufgabe der kommenden Kunst

VON DEN AUFGABEN DES DICHTENS

Die Beurteilung der Revolution wurde auch in Grafs publizistischer Praxis zentrales Thema. Neben Gedichten und Prosa veröffentlichte er mehrere Manifeste bzw. »Manifeststücke«. Ein solches Stück aus der Kunstzeitschrift *Der Weg*, die nur 1919 erschienen ist, enthält eine expressionistische und revolutionäre Kunstprogrammatik. Auch nach dem Ende der Revolution berief er sich auf den anarchisch verstandenen Sozialismus. In der Zeitschrift *Die Tat* erschien im selben Jahr ein Grundsatzartikel, der schon im Titel das utopische Moment der Kunst mitführt: *Die Aufgabe der kommenden Kunst*. Graf betont in dem Essay die Autonomie der Kunst im Sinne von Landauer. Sie gründe, heißt es im Manifest, in einem zeitlosen Ich, das »Volk, Welt und Wirklichkeit« in einer Einheit enthalte. Deshalb trage sie den Zweck in sich.

Mit dieser dem gebildeten Leser vertrauten Bestimmung der Kunst stellt er den Einzelnen jedoch in zeitgenössische Kontexte und betont den zeitbedingten Mangel an Einheit. Eine »machtlose Beschämung« befiele einen, so Graf, wenn man auf die reale Zusammenhanglosigkeit der Menschen angesichts des Postulats von der »Dreieinheit von Volk, Kultur und Kunst« blicke. Kunst solle aber »Schöpferin einer neuen Wirklichkeit sein«, demnach müsse das Ich revoltieren, das die Antwort auf den realen Mangel in sich trage.

Nicht ohne rhetorisches Geschick führte Graf den Leser auf das Terrain einer notwendigen Erneuerung der Gesellschaft durch Kunst. Den Maßstab bildete für ihn die »Intensität« des Lebens. Seine Forderung lautete: »Leben aus sich selbst schöpfen und wirken lassen als Geist!« Denn nur so sei es möglich, die Zerrissenheit der Gesellschaft und die Fremdheit »mit dem eigenen Wesen« wahrzunehmen. Die sozialen Verhältnisse seien »zerstückelt« und »trümmernd«, und deshalb erschien es ihm notwendig, den Menschen in seinen Widersprüchen anzusprechen. Dort, wo das Leben derart intensiver wird, hat es Zukunft.

Walter Benjamin hat Ende der 1920er in einer Rezension vom »Bettlerpfennig« gesprochen, den man als Leser den Texten Grafs zustecken möchte. Ein Grund dafür liegt in diesen frühen Überlegungen. Graf nahm sich vor, sich in der Darstellung auf Menschen in deren Brüchigkeit zu konzentrieren. Radikale Selbst- und Fremdbefragung in der künstlerischen Darstellung war die Aufgabe der Zeit, es galt den Einzelnen in seiner Bedürftigkeit auszuzeichnen. Graf schreibt in einer Notiz aus dem Nachlass, dass Literatur »eine Summe von dunkler Sehnsucht, von berserkerischer Selbstverhöhnung, ein Gemisch von zynischer Skepsis allem Menschlichen gegenüber und ein verzweifelter Versuch des Glaubenwollens an das ›Reine‹ und ›Gute‹ im Menschen« sei. Der Gedanke einer sozialen Utopie wurde dadurch nicht verabschiedet, er rückte – auch aufgrund der Erfahrungen während der Revolution – in den Hintergrund der Darstellung. Der Maßstab blieb die Lebendigkeit, die man nun als Synonym für Bedürftigkeit und nicht mehr als Einheitlichkeit des Ichs interpretieren kann. Nun lag der Schwerpunkt auf der brüchigen Praxis. Anders gewendet hieß dies für ihn konkret, die eigenen inneren Widersprüche auszuleben. Er wurde für seine Mitmenschen dadurch nicht nur kantiger, sondern unberechenbarer.

1919 erschien auch der zweite Gedichtband Grafs, *Amen und Anfang*, im Verlag der Bücherkiste in München. Schrimpf gestaltete den Titelholzschnitt. Heinrich F. S. Bachmair, einer der Verleger, war selbst an der Revolution beteiligt und veröffentlichte zusammen mit Leo Scherpenbach, seinem Companion, anspruchsvolle Literatur. Die kleine Auflage und der teure Preis des schmalen Bandes verhinderten allerdings eine Breitenwirkung.

Die Gedichte folgen, wie Katrin Sorko schreibt, in »sprachlichem Ausdruck, Form, Thematik und Motivik den Charakteristika expressionistischer Literatur«. Sie dokumentieren zudem Grafs intensive Auseinandersetzung mit der zeitgenössischen Lyrik. Rhythmisch nähert er sich Rilke an, seine Sprache verliert an Härte: »Dies hat sich als dein Finden hingegeben / Ein Spiegel, der dich aus dem Nichts herüberzeigte«, heißt es zu

Beginn des Eröffnungsgedichts *Besinnen*. Ihm gelingen nun Zeilen, in denen die Satzmelodie und nicht nur die Bildlichkeit die Gedichte voranträgt. Inhaltlich loten die Gedichte die Widersprüche im Subjekt aus und fragen nach dem Leben in der eigenen Widersprüchlichkeit, ganz so, wie es *Die Aufgabe der kommenden Kunst* poetologisch formuliert – nicht psychologisch, sondern im Hinblick auf die sozialen Verhältnisse.

ERICH MÜHSAM, EXPRESSIONISMUS UND NEUE SACHLICHKEIT

Einen Wendepunkt im literarischen Werdegang Grafs dokumentiert eine kleine Rezension zu Erich Mühsams Gedichtband *Brennende Erde*, den dieser 1918 in der Festungshaft zusammengestellt hatte. Sie erschien 1920 in *Die Neue Zeitung. Unabhängiges sozialistisches Organ* in München und enthielt eine programmatische Auseinandersetzung mit Mühsam. Graf betonte zunächst den utopischen Aspekt der Literatur: »Das Gedicht ist die höchste Formwerdung einer ewigen Wahrheit. Solche Wahrheit kann man nie wissen. Sie wird laut und visionär erfaßt vom Dichter.« Dieser wird nun als der »Einsamste der gärenden Kraft der neuen Gemeinschaft« vorgestellt. Poetologisch wusste er sich mit Mühsam bis zu diesem Punkt einig, er betonte aber gegen ihn die Bedeutung von Sprache und Form. Mühsam war für ihn zwar ein guter Propagandist, aber kein guter Dichter, weil er politische Inhalte in bürgerlichen literarischen Konventionen vermittelte. Es kam ihm vielmehr darauf an, »mit den alten Mitteln der Sprache aufzuräumen«. Das Bürgertum, so sein Fazit, besiege man nur dadurch, dass man »etwas Stärkeres, Neueres hinstellt«.

Mit der Kritik an Mühsams Sprach- und Formbewusstsein verband Graf eine Präzisierung seines Literaturverständnisses. Mühsam wurde in den Debatten der 1920er dafür angegriffen, dass für ihn die Kunst nach wie vor der Ort gesellschaftlicher Veränderung war. Eine funktionale proletarische Kunst, die den Klassencharakter von Kultur in den Vordergrund stellt, hielt er nicht für möglich. Sozialismus sei eine Kulturfrage. Graf befand sich zwischen der Position Mühsams, dem Konzept der Arbeiterliteratur und den avantgardistischen Tendenzen der Zeit. Mit der Forderung, Literatur und Künste auch formal zu erneuern, setzte er auf die Kunst. In einem Brief vom 14. Mai 1927 schrieb er vermutlich an Friederike, die Ehefrau des Schriftstellers Fritz von Unruh: »Was man aber in Deutschland heute als ›Arbeiterdichter‹ anredet, mit dem habe ich wenig oder gar nichts zu tun.«

DER DRAMATURG DER »NEUEN BÜHNE«

Graf gehörte zu einer Gruppe junger Literaten, Künstler und Intellektueller, die sich nach den Novemberereignissen am linken Rand verorteten. Sie sammelten sich u. a. im Malik-Verlag von Wieland Herzfelde. Schrimpf, Mitglied im »Aktionsausschuss revolutionärer Künstler«, trat 1919 in die KPD ein. Jung, ebenfalls Mitglied der KPD, wird zu Beginn der 1920er-Jahre ein Schiff kapern, um damit in die Sowjetunion zu gelangen. In München war Graf mit den Auswirkungen der Revolution konfrontiert. Wohl aufgrund seiner Literaturkenntnisse und Erfahrungen als Redner wurde er 1920 Dramaturg bei einem Arbeiterbühnenverein, der »Neuen Bühne«. Sie wurde von Eugen Felber als reine Arbeiterbühne geleitet. Fritz Schaefler, einer der wichtigen expressionistischen Künstler der Revolution – er hat z. B. die Holzschnitte für Revolutionszeitschriften wie die *Süddeutsche Freiheit* angefertigt –, war Bühnenbildner.

In dem 1927 erschienenen Buch *Wunderbare Menschen* erzählt Graf aus dieser Zeit. Dort heißt es, er sei mehr oder weniger zufällig zu dieser Stelle gekommen, doch darf man solchen Selbsteinschätzungen nicht immer vertrauen. Er hat sich gerne als Tölpel dargestellt und seine autodidaktisch erworbene Bildung sowie die daraus folgenden Analysefähigkeiten verharmlost oder ins Komische gezogen. Der Intellektuelle namens Graf taucht in den Selbstdarstellungen nicht auf, ist aber gleichwohl vorhanden. In Manifesten, poetologischen Texten und Kunstkritiken schreibt er über Gesellschaft, Kunst und Literatur. Und das Theater ist in den 1920ern der exemplarische Ort, an dem die Kunst- und Gesellschaftsdebatten der Zeit ausgetragen werden. Es erlebt durch die Übergabe in die öffentliche Hand einen grundlegenden Wandel wie kaum eine andere Kunst. Fragen der Gestaltung und Finanzierung sind grundsätzlicher Art, weil sie implizieren, für welches Gesellschaftsmodell die Beteiligten stehen. Ein Buch über die »Neue Bühne« war deshalb auch ein Statement zur künstlerischen und gesellschaftlichen Entwicklung in den 1920er-Jahren.

Parallel zur Arbeit als Dramaturg suchte er eine Erzählstimme für seine Prosa. Den bürgerlich gebildeten Autor konnte er nicht geben. Er entschloss sich daher, seine Herkunft aus zwei Perspektiven zum Ausgangspunkt des Schreibens zu nehmen: »von unten« als einfacher Mann vom Land und »von oben« in einer maskierten Distanz zu ›Großkopferten‹. Die Erfindung des Autorkonzepts hatte viel mit dem Publikum zu tun, für das er nach dem Ausgang der Revolution schreiben wollte. Bei der »Neuen Bühne« lernte er es gut kennen. Im Roman kommt die titelgebende Wendung in einer kritischen Äußerung des Direktors Felber vor: »Wunderbare Menschen! Aber die wissen doch nicht, was Kitsch und was Kunst ist. Die haben doch um Gotteswillen keine Ahnung, was Theater ist.« Graf hingegen spricht sich für eine zweckorientierte Kunst aus: »Wir wollen durch den Mund der Dichtung unsere Überzeugungen, unsere Sehnsucht und unsere Wünsche laut werden lassen!« *Wunderbare Menschen* veranschaulicht die Geschmacksunterschiede sozialer Schichten.

Graf faszinierte am Projekt einer reinen Arbeiterbühne das »Gemeinschaftsbewußtsein des proletarischen Menschen«. Sein politischer Standpunkt lässt sich an den eigenen Reden und den Autorenbildern ablesen, die im Buch geschildert werden. Als Dramaturg war er damit beauftragt, eingereichte Stücke zu prüfen. Dass er Brechts *Trommeln in der Nacht* ablehnte, weil auf der »Neuen Bühne« feuerpolizeilich nur acht Schauspieler zugelassen waren, soll nur als Anekdote am Rand erwähnt werden. Beide werden sich zu einem späteren Zeitpunkt besser kennenlernen. Wichtiger war, dass Graf das Spektrum linksengagierter Literatur in Erfahrung brachte: Entrückte, pazifistische, klassenkämpferische und visionäre Stücke wurden der Bühne angeboten. Was er zur Aufführung bringen wollte, stammte hingegen nicht selten aus der Tradition, die er neu interpretierte: »die ewigen Worte der Dichtung kann niemand verbieten, die Kunst als Ausdruck des Bleibenden einer Zeit und unserer Sehnsucht […] dieser Geist war immer das Sprachrohr der Unterdrückten.« Ein Jahr nach Eröffnung musste die »Neue Bühne« ihren Betrieb aufgrund fehlender Einnahmen wieder einstellen. Graf hatte ein potentielles Lesepublikum kennengelernt, schuldete ihm aber noch Texte dazu.

5 Der Autor entsteht

HINWENDUNG ZUR PROSA

Vor und während der Tätigkeit als Dramaturg war Graf auch anderweitig tätig: 1920 als Verantwortlicher für die Presse bei den »Münchener Expressionistischen Werkstätten« und bei der Gruppe »Der Morgen«, die in der Buchhandlung von Heinrich Jaffe Lesungen und Vorträge über Kunst organisieren wollte. Über die Gruppe wurde von der Polizei vorübergehend eine Akte angelegt, festgehalten mit dem Beinamen »Gruppe für jüngste Dichtung« mit Graf, Georg Kaiser, Schrimpf und Wolfgang Petzet. Eine Dokumentation der Objekte aus den »Expressionistischen Werkstätten« besprach Graf 1921 in der Zeitschrift *Der Cicerone*. Ebenfalls 1921 veröffentlichte er ein Buch über die Malerin Maria Uhden, 1919 und 1923 über Schrimpf, und 1921 schreibt er *UA-PUA, eine Indianerdichtung*, die in bibliophiler Aufmachung mit Lithografien Schrimpfs im Habbel-Verlag in Regensburg erschienen ist. In dieser Zeit war es auch, dass Wieland Herzfelde Graf bat, für den Malik-Verlag Prosa zu verfassen, und ihm einen Verlagsvertrag anbot. So entstand *Frühzeit. Jugenderlebnisse*, der erste Teil des späteren Bekenntnisbuches *Wir sind Gefangene*.

Im Beitrag *Gegen den Dichter von heute* vom September 1919 zog Graf provokante Schlüsse aus den Diskussionen über die Rolle der Kunst: »Ich hoffe: 1. daß die kommende Revolution alle ›Ethik‹ verbietet; 2. daß jeder Literat sein Leben einfach und ohne jede Erläuterung und Rechtfertigung in soviel Arbeiterversammlungen erzählen muß, so lange – bis er hinausgeworfen wird; 3. dass sämtliche Dichter und Schreiber nur dann ihre Bücher noch auf dem Markt bringen dürfen, wenn ihr Leben nicht langweilig war.« Die Konzentration auf das »Leben« und die Akzeptanz des Dissenses im Leben des Autors sowie zwischen Autor und Publikum geben die Umrisse seiner individuellen Position an. Die Prosa sollte als literarisches Dokument wirken. Dass er in ihr das Leben betont, war nicht als Verbeugung vor der Lebensphilosophie der Zeit gedacht (auch wenn seinem Werk gerade dieser Aspekt den Zuspruch von Thomas

Mann und anderen eingebracht hat), die scheinbar hohl gewordene Begriffe und Konzepte kritisierte und versuchte, die schöpferische Kraft des Einzelnen gegen die Rationalisierung der Zeit zu setzen. Um den Unterschied dazu bei Graf zu bemerken, reicht es aus, auf sein Leben zu achten: Er ist Mitte 20 und blickt fast ausschließlich auf desaströse Erfahrungen mit Gewalt, Zwang, Armut und Enttäuschungen zurück. Der Umgang mit Literatur – Lesen und Schreiben in der elementarsten Form – gehört zu den wenig durchgängig positiv besetzten Lebensbereichen.

Oskar Maria Graf um 1927

Frühzeit erschien im Malik Verlag als fünfter Band der Roten Romane-Serie. Band eins, drei und vier stammten von Jung, Band zwei von Upton Sinclair. Graf adressierte seine Literatur in dieser Reihe vorrangig an linksgerichtete Leser. In der Prosa vermied er psychologische Schilderungen und zeigte Figuren in sozialen Kontexten. Auch das zweite Buch Grafs, der Erzählband *Zur freundlichen Erinnerung,* wendete dieses Prinzip an: »Man sagt«, heißt es zu Beginn der Erzählung *Ablauf*, »wenn sich die zwanziger Jahre aus einem Menschenleben winden, fangen die Reibungen an zwischen natürlichem Denken und dunklem Trieb. Es beginnt ein Aufruhr im Innern. Über die Dämme, die die Erziehung notdürftig aufgebaut hat, bricht das Blut und je nach Festigkeit des Betroffenen folgt einer solchen Krise die Zerrüttung [...]. Johann Krill fiel so in den Rachen der Zeit.« In der Einleitung wird die Hauptfigur Krill buchstäblich aus der Zeit heraus geboren. Grundlegend sind die 1920er-Jahre, untergeordnet das Innere.

Zur Literatur der 1920er-Jahre

Die 1920er waren von einem heterogenen Feld kultureller Neuerungen geprägt, die sowohl die Alltags- und Arbeitskultur betrafen als auch Musik, Kunst, Literatur, Architektur und die neuen Massenmedien Radio und Film. Verbunden damit waren vor allem Aspekte der Industrialisierung und Urbanisierung in Metropolen wie die »Kultur der Großstadt«, »Angestelltenkultur«, Technikbegeisterung, Sport, Kino, Avantgarde und Reformbewegungen, die veränderte Rolle der Frau sowie – in der Literatur und den Künsten – Darstellungsweisen, die den dokumentarischen Wert der Künste betonen. Die Neue Sachlichkeit zeichnete sich durch Antipsychologismus und -expressionismus aus, Entindividualisierung und Entsentimentalisierung, Dokumentarismus, Tatsachenpoetik und die Betonung des Gebrauchswerts der Literatur.

In München verlief die Entwicklung nach der Beendigung des Weißen Terrors und der Niederschlagung des Hitler-Putsches 1923 anders als in Berlin. Der modernekritische Impetus, der sich nach der Revolution 1918/19 in der Stadt verbreitete, markierte die Differenz zur Hauptstadt, dem damaligen Zufluchtsort vieler an Innovationen in Literatur, Musik und den Künsten Interessierter. Das literarische und kulturelle Leben wurde in München von der bürgerlichen Mitte und deren kulturellem Selbstverständnis geprägt und von den politisch Rechten bedroht. Wilhelm Hausenstein beklagte 1929 in dem Essay *Sinn und Verhängnis einer Stadt* die Tendenz zur Musealisierung und fügte hinzu: »das bürgerliche München des neunzehnten Jahrhunderts hat es im Grunde auch nicht verstanden, ein städtisches Ideal auszubilden: nämlich ein Ideal des Städtischen in der Gesellschaft, im soziologisch-modischen Sinne, im Sinn der *urbanitas.*« München wurde zur Provinz.

Bei der Verlagerung der kulturellen Schwerpunkte hin zur Tradition war einerseits ein Generationswechsel wirksam, andererseits die Übersiedlung vieler Künstler von München nach Berlin in der ersten Hälfte der 1920er-Jahre. Exemplarisch für den schmalen Grat, auf dem sich die Innovationen des Jahrhzehnts in München entfalten konnten, ist die Kulturpolitik des Oberbürgermeisters von 1925 bis 1933, Karl Scharnagl. Sie blieb von konservativen und christlichen Werten geprägt. Man setzte auf »Veredelung« massenkultureller Phänomene, reagierte aber auch mit verschärften Zensurbestimmungen.

DER »PROVINZSCHRIFTSTELLER«: DIE 1920ER-JAHRE BEI GRAF

Graf stand einigen Entwicklungen in den 1920ern skeptisch gegenüber. Die Verhältnisse in Berlin erschienen ihm als eine Art »Wilhelmitis«, ein Wort, mit dem er die Selbstinszenierung durch Geringschätzung anderer verband: »Bei den Berlinern [...] war dieses unduldsame Lächerlichmachen von ungewohnten Gebräuchen andernorts ganz besonders übersteigert.« Berlin wurde zu einem Ort, an dem sich das Bürgertum inszenierte.

Das kulturelle Leben in München erschien in keinem besseren Licht. »Damals fing die jämmerliche Provinzialisierung an«, notiert Graf in *Gelächter von außen* und macht das Verhalten des Bürgertums gegen alles »›Linke‹ und Außerbayerische« dafür verantwortlich. Gegen die modernen und liberalen Strömungen der Zeit setzten konservative Intellektuelle nach 1918 auf einen Idealismus, der Region und Religion als Alternative zu zeitgenössischen Lebens- und Anschauungsweisen aufzeigen sollte. Diesen Ansichten widersprach Graf. Das Stichwort »Provinz« hat er bewusst gegen das konservative Verständnis von Regionalität gesetzt, wenn er sich als »Provinzschriftsteller« tituliert.

Diese Selbstbeschreibung hat mehrere Funktionen und in jeder wird sie nicht ohne Ironie, mitunter auch mit aggressiver Geste nach außen transportiert: Es handelt sich um die Selbstbeschreibung eines Autors, der aus der Provinz stammt, in der »Provinzstadt« München lebt und auf dem Buchmarkt thematisch an die »Provinz« gebunden ist. Der autodidaktische Zug ist wiederum auch »provinziell«, und dass dieser Autor Arbeiterliteratur schreibt, rückt ihn an den Rand eines überwiegend bürgerlichen Literaturpublikums. Der »anerkannte Spezialitätenschriftsteller« hält im *Notizbuch des Provinzschriftstellers Oskar Maria Graf* 1932 fest, München sei »finster und kleinbürgerlich«, ein »stadtähnliches Dorf«, in dem man nichts anderes tun könne, als »gemütlich [zu] sterben«. In ironischem Ton wendet er sich gegen die Verherrlichung der Vergangenheit der Stadt. Er konstatiert einen »Geist des Privaten« und eine »asoziale, eigensinnige Manier«. In paradoxer Wendung erklärt er dann seine Liebe zur Stadt, weil die Mentalität keine Eitelkeiten zulasse. Das Kauzige der Münchener scheint ihm gegen die moderne Urbanität gerichtet zu sein. Hier gebe es »ein wirklich gewachsenes Kollektivum«, in Berlin hingegen tanze man steif und lache gewaltsam.

Obwohl München für ihn mit dem Erfolg als Schriftsteller verbunden war, schreibt er in den Erinnerungen von einer unbegründeten »neurasthenischen Angst vor dem Stillstand«, von Selbstzweifeln, Langeweile oder Desintegration und exzessiven Ausbrüchen. An sich selbst beobachtete er eine Ambivalenz zwischen »spielerisch-eitle[r] Lust am Verstecken, am Verblüffen und Ärgern des nächsten« und »unausrottbare[r] Unsicherheit«. Gert Sautermeister hat diese Paradoxie aus der Spannung von Melancholie und Selbsthass sowie der Notwendigkeit der Selbstverteidigung beschrieben. Als eines von vielen möglichen Beispielen soll hier die Aufnahme in die Schriftstellervereinigung PEN dienen, über die es nach der Wahl Grafs durch die Mitglieder heißt: »Ich tret' selbstredend sofort in diesen Club ein, bloß kaschier' ich das wieder einmal auf naturburschenhaft-bayrisch [...] das zieht bei den saudummen Berlinern. Das sind doch die größten Provinzler!« Beim ersten Besuch einer PEN-Versammlung in Berlin rutscht Graf, so berichtet Schriftstellerkollege Max Hermann-Neiße schelmisch, bei der Begrüßung im Smoking mehrfach buchstäblich auf dem Parkett aus und stolpert über Konventionen. Er wird von den umstehenden Kollegen sogleich als der naive, bayerische Bursche wahrgenommen, der sich auf dem Parkett nicht bewegen kann, tatsächlich aber sind sie einer Schwejkiade aufgesessen. Befragt man das Muster der Erinnerung in solchen Schilderungen, gibt es keinen Anlass an-

Oskar Maria Graf in Berlin, 1928

zunehmen, der »Provinzschriftsteller« sei provinziell. Die Verkleidung, die er verwendet, hat eine klar erkennbare Funktion, denn er muss dadurch nicht mitspielen. Er wird aufgenommen, indem er als der Andere erkannt wird, zumindest als jener, der anders ist, dessen Habitus ein anderer ist.

Im Grunde genommen spielt er die Rolle des »Provinzschriftstellers«, um seine Kollegen zu provozieren. Unsicherheit über seinen Stand unter ihnen hat dabei auch eine Rolle gespielt. Als »Nationaldichter« und Instanz für Bayerisches wollte er nicht in die Literaturgeschichte eingehen. In *Gelächter von außen* schreibt er: »Widerstrebend und verärgert, mußte ich es nun hinnehmen, daß man mich [seit 1924, Anm. d. A.] nur noch ›bayrisch‹ nahm. Und frecherweise bedeutet ja für Nicht-einheimische ›bayrisch‹ fast immer so etwas wie ein herzerfrischendes Hinterwäldlertum auf Bauernart, eine mit dem dicken Zuckerguß sentimentaler Verlogenheit reizend garnierte Gebirgsjodler-Idylle, ein schlicht-inniges bierkatholisches Analphabetentum als Volkscharakter und im besten Falle eine bäuerlich-pfiffige Gaudiangelegenheit. Rundheraus gesagt also: etwas entwaffnend Einfältiges, über das jeder Mensch eben wirklich nur noch lachen kann. Dafür sorgten meine Vorgänger bis hinauf zu Ludwig Thoma reichlich, und das Unappetitliche dabei ist: Während sich zum Beispiel die Juden mit vollem Recht und natürlicher Selbstverständlichkeit ganz entschieden gegen jeden Antisemitismus wehren, reagieren wir geschäftstüchtigen, animalisch gefallsüchtigen Bayern gegen den von uns selbst geschaffenen Antibavarismus völlig entgegengesetzt. Wir hegen und pflegen, hätscheln und steigern ihn, damit uns nur ja die ganze Welt als ein Volk von ›blöden Seppln‹ ansieht.«

GESELLIGKEIT: VON ATELIER- UND ANDEREN FESTEN

Zu den Besonderheiten des kulturellen Lebens in München vor 1914 gehörte, dass das Lebensweltliche das Politische dominierte. Thomas Mann schrieb im Rückblick: »Es war eine Atmosphäre der Menschlichkeit, des duldsamen Individualismus, der Maskenfreiheit sozusagen; eine Atmosphäre von heiterer Sinnlichkeit, von Künstlertum; eine Stimmung von Lebensfreundlichkeit, Jugend, Volkstümlichkeit, jener Volkstümlichkeit, auf deren gesunder, derber Krume das Eigentümlichste, Zarteste, Kühnste, erotische Pflanzen manchmal, unter wahrhaft gutmütigen Zuständen gedeihen konnte.«

Im Verlauf der 1920er-Jahre kehrte sich der Trend um. Gleichwohl waren zunächst genügend Personen und Kräfte vorhanden, um an die Vorkriegszeit anzuschließen. So wird auch Grafs Atelier zum Ort der Begegnung und des Austausches. Zunächst hatte er Atelierfeste für zahlende Besucher ausgerichtet, darunter Gäste von außerhalb Münchens, die das libertäre Leben der Stadt kennenlernen wollten. Für ihn war dies eine Möglichkeit, sich einen Teil des Lebensunterhalts zu verdienen. Später verlor sich der finanzielle Aspekt und Graf wurde durch seine Feste zu einem Mittelpunkt des literarischen Lebens in der Stadt.

Wilhelm von Schramm, der Graf von der »Bücherkiste« her kannte, beschrieb ihn als ambivalente Person, einerseits ein »Lackl«, grob im alltäglichen Umgang, andererseits feinfühlig in literarischen Dingen: »Er stellte, wenn die Polizeistunde vorüber war, sein Atelier denen zur Verfügung, die noch nicht schlafen gehen, sondern noch tanzen und nächtliche Kurzweil treiben wollten. Das Atelier im Hinterhaus, an einem dunklen Hof gelegen, war wie geschaffen dafür. Da ging es dann hoch her! [...] Das Grafsche Atelier ist in diesen Jahren auch mir zu einer ›Stätte der Begegnung‹ geworden. Es war ein breiter Raum, spärlich eingerichtet und doch mit einer gewissen magischen Atmosphäre angetan.« Der Maler Erwin von Kreibig hat in zwei Bildern das tumultartige Treiben festgehalten. Mit der Freude an Festen hat sich Graf einen gewissen Ruf erarbeitet, über den er wiederum in *Wie ich in den Ruf eines Lebemanns gekommen bin* aus dem *Notizbuch* spöttelt.

Zu den Gästen zählten neben Malerfreunden u. a. so unterschiedliche Personen wie der George-Vertraute Karl Wolfskehl, der Vordenker der Rechten Oswald Spengler oder der Antifaschist Ado von Achenbach. Auch außerhalb des eigenen Ateliers war Graf präsent. Marta Feuchtwanger erinnert sich an seine Beteiligung bei den Nachtwandler-Festen im Steinicke-Saal, die ihr Mann Lion im Roman *Erfolg* schildert. Ausgerichtet wurden sie von der literarischen Vereinigung »Argonauten«, die 1924 von Ernst Penzoldt, Ludwig Friedrich Barthel und Josef Magnus Wehner ins Leben gerufen wurde. Graf habe, so Marta Feuchtwanger, mit ihr getanzt, dass ihr wegen seines festen Griffes die Luft ausgegangen sei. Hans Brandenburg berichtet über dieses Fest: »Oskar Maria Graf [...] durchtobte es mit der Urkraft der Jugend. [...] ›Beweechung! Erottik! Erottik!‹ schrie er ununterbrochen. [...] Er machte selbst vor Ricarda Huch nicht halt, [...] ›Woaßt Huch‹, sagte Graf sich zu ihr setzend, und begann hellen und unverbrauchten Geistes ein vernünftiges Gespräch.«

Ein Faschingsblatt

Wie sehr Graf in das literarische Leben Münchens integriert war, zeigt ein Beitrag in der Faschingszeitung vom Februar 1927, von den »Argonauten« verfasst und überschrieben mit *Die Gänsehaut. Münchner Hiobspost, Miesmacher Anzeiger und Aengstlicher Beobachter, mit freundlicher Genehmigung der Direktion der M.N.N. Erscheint jeden Fasching, steckt aber immer wieder in einer anderen Haut. Herausgegeben vom Ungläubigerausschuss der Konkursverwaltung der Firma Kuhhaut:*

»Fußball am Sonntag: Frohe Kunde kommt aus München. Die Vertreter des dortigen Schrifttums haben sich zu einer Fußballmannschaft zusammengeschlossen, um auf diesem Wege um die ganze Liebe der Nation zu werben. Wir sind in der Lage unsern Lesern heute schon die Aufstellung der 1. repräsentativen Mannschaft mitzuteilen, welche am nächsten Sonntag [...] debütieren wird.

Linksaußen: Thomas Mann // Rechts ganz außen: Hanns Johst // Claus Mann Heinrich Mann Ernst v. Wolzogen / Carossa Halbe Hermann Bahr / Ponten O. M. Graf / Michael Georg Konrad // Die Berliner Mannschaft [...]: / Bronnen Becher Brecht Zuckmayer Döblin / Kisch Mehring Bab / Adolf Bartels Herrmann Sudermann / Arno Holz«.

Graf gehört ins Mittelfeld der Münchner Mannschaft. Interessanterweise ›spielt‹ er in dieser Außenperspektive auf ihn mittiger als der Linksaußen Thomas Mann.

LITERARISCHE ERFOLGE

Neben dem Erfahrungsraum der Stadt brachte Graf noch einen zweiten mit, der sich von Anfang an nicht problemlos mit dem anderen verbinden ließ: das Land. Schon während der Zeit in der Gruppe »Tat« hatte er sich gefragt, wie er die Ideen zu Hause z. B. seiner Mutter vermitteln sollte, und blieb ratlos zurück. Auch zu Beginn der 1920er-Jahre stand er zwei Gegenstandsbereichen gegenüber, die offenbar jeweils eine eigene Form und Sprache benötigten. In der Literatur fand er eine Reihe von Vorlagen, Land und Leute darzustellen: Josef Ruederer, Georg

Oskar Maria Graf mit seiner 70-jährigen Mutter Therese (l.) und seiner Tante, 1927

Queri, Ludwig Thoma, Lena Christ. Konzeptuell unterschied er sich jedoch von ihnen durch sein Verständnis von »Volk«. Anknüpfungspunkte ergaben sich hier nur bedingt. So wenig, wie er jemals in eine Partei eintreten wollte, so wenig lässt sich seine Erzählkunst auf eine programmatische Linie bringen: Literatur heißt für ihn, »das Wissen um den Menschen und das Wissen um alle Hintergründe der Welt vermehren.«

Im Rückblick notiert er in *Gelächter von außen*, ihm habe gerade die Resonanz auf seine Bücher verdeutlicht, dass er »überhaupt kein Schriftsteller oder Dichter, sondern ein ausgesprochener Stegreiferzähler« sei. Diese Selbsteinschätzung verbirgt die literarischen Leistungen, sie ist aber insofern aufschlussreich, als sie die Nähe von Erzählen und Schreiben aufzeigt. »Ich habe vom mündlichen Erzählen am meisten gelernt«, schreibt er. Für das Erzählen nah an der mündlichen Tradition hält die Literatur eine Vielzahl von Formen, Motiven und Techniken bereit, darunter Schwank, Witz, Anekdote oder im Rahmen ›alltäglichen Erzählens‹ Erinnerungen, autobiografische Äußerungen u. a. Dieses Erzählen macht sich die Dialogizität des Wortes zunutze. Der Dialekt eignet sich, wie auch der Humor, besonders gut dazu, die Dialogizität des Wortes herauszustellen.

Im Essay *Unser Dialekt und der Existenzialismus* bezieht sich Graf ausdrücklich auf die dialogische Situation des mündlichen Erzählens, wenn er schreibt, der Dialekt vernichte alle unechten Überlegenheiten und verweise den Sprecher in die »natürlichen Grenzen«. Ein frühes Beispiel für den Dialekt als erzählerisches Mittel sind Erzählungen im *Bayrischen Lesebücherl* von 1924. Graf benutzte den Humor in einzelnen Erzählungen als darstellerisches Mittel, um auf die Lachkultur des Landes zurückgreifen zu können. Schon während der Zeit als Dramaturg hatte er sich häufiger gewundert, warum seine Kollegen humorresistente Texte ablieferten. Ihn irritierte die Trockenheit der Dramen. Die Offenheit gegenüber dem Humor zeigte sich in seiner Publikationspraxis früh: Schon seit 1912 schrieb er für Zeitungen auch Humoresken und Satiren. Manche Geschichten frönten der Kunst des Derbleckens. Graf spricht auch gerne vom »Frotzeln«.

Ein Bespiel für die Beschäftigung mit volkstümlichen Stoffen ist die 1928 erschiene Auftragsarbeit *Das bayerische Dekameron*. Georg Queri hatte dem Thema mit *Bauernerotik und Bauernfeme in Oberbayern* (1911) und der Sammlung *Kraftbayrisch* (1912) schon vorgearbeitet. Graf ergänzt die erotischen Sprichwörter und Lieder durch erotisch karnevaleske Geschichten, wie die des Trauzeugen, der in der Hochzeitsnacht die Braut verführt, oder die der Frau, die die sexuelle Potenz des Heiratskandidaten ihrer Schwester testet, um ihr dann von der Heirat abzuraten. Nach eigenem Bekunden hat Graf die Erzählungen des *Dekameron* innerhalb von zwei Wochen niedergeschrieben. Das 14-Tage-Werk bedient sich verschiedener Quellen, dem Witz, der Anekdote, aber auch der Novellen des Boccaccio, die in den ländlichen Raum Bayerns transferiert werden. Das Buch brachte zwar den finanziellen Erfolg und sicherte mit vielen Auflagen und Umarbeitungen Einkünfte. Graf fürchtete aber um die Rezeption seines übrigen Werks. Der Erfolg des Buches verdecke seine eigentliche literarische Tätigkeit, und deshalb hadert er sein Leben lang mit der Rezeption.

Eine weiterführende Variante der Darstellung ländlicher Stoffe bietet *Die Chronik von Flechting. Ein Dorfroman*, 1924 im Drei Masken Verlag München erschienen. »Aus einer alten bayrischen Familienchronik« meint in diesem Fall, dass Graf sich bewusst auf die Notizen des Onkels Andreas Graf, genannt Kastenjackl, bezogen hat. Die Herstellung solcher Bezüge ermöglichte es ihm, nicht nur auf Texte anderer Autoren zu reagieren, sondern auf das vom Volk Notierte, hier eben die Aufzeichnungen des Onkels. Er entwickelte sich zum Volksschriftsteller, seine Stoffe will er von dort bezogen haben, wo sie mündlich weitergegeben oder verhandelt wurden: aus den Gerichtssälen und den Gaststätten. Die eigene Erinnerung kam als weitere Quelle hinzu.

Noch ein weiterer Punkt unterscheidet ihn von vielen seiner Kollegen: Er nahm zu diesem Zeitpunkt auch Auftragsarbeiten an. 1925 entstand so für den Verlag der Büchergemeinde der bis heute nicht wieder aufgelegte Roman *Die Heimsuchung* über die »katholisch bayerische Heimatwelt«. Für die Diamalt AG schrieb er Bäckergeschichten, und für eine Zigarettenmarke, die seinen Namen trug, steuerte er kleine Geschichten bei, die jeder Packung beilagen.

In den Kalendergeschichten von 1929 versuchte Graf dann eine Synthese der beiden Lebens- und Erfahrungsbereiche Stadt und Land. Er verwendet darin eine für Volkschriftsteller des 19. Jahrhunderts typische Form: die Kalendergeschichte. Sie war anfänglich, z. B. bei Johann Peter Hebel, Teil eines Jahreskalenders, der neben den für die Landwirtschaft wichtigen Daten auch Hinweise auf neue wissenschaftliche Erkenntnisse enthielt, mit denen sich u. a. auch der Ertrag in der Landwirtschaft steigern ließ. Solche Geschichten las man ursprünglich abends, oft in Gemeinschaft. Der vorgegebene Platz zwang dazu, die didaktische Intention ohne Schnörkel herauszuarbeiten. Graf verwendete die Form unter den veränderten Bedingungen des 20. Jahrhunderts. Ihm geht es darum, das anthropologische Kostüm des Menschen angesichts der Milieus zu schildern, in denen er sich bewegt. Dieses Kostüm umfasst so elementare Dinge wie Körperlichkeit, Liebe, Sünde, Hass, Neid, Tod oder den Wunsch nach Gerechtigkeit.

Mit dem 1927 im Drei Masken Verlag erschienenen Bekenntnisbuch *Wir sind Gefangene* erfuhr Graf den literarischen Durchbruch. In einer Rezeption in der *Frankfurter Zeitung* schrieb Thomas Mann, das Buch gewinne unser Herz, auch wenn der Autor Lachen und Kopfschütteln errege: »Ich kann nicht sagen, wie die Originalität des Buches mich gereizt und belustigt hat, die eins ist mit der Natur des erlebnistragenden ›Helden‹: ungeschlacht und sensibel, grundsonderbar, leicht idiotisch, tief humoristisch, unmöglich und gewinnend.« Das Buch sei ein »menschlich-historisches Zeugnis von unvergänglichem Werte«. Selbst konservative Autoren wie Walter von Molo oder Frank Thieß, die nach 1945 mit dem Stichwort der »Inneren Emigration« die Autoren des Exils abkanzeln sollten, lassen sich zu Lobeshymnen hinreißen, die der Verlag bereitwillig für den Waschzettel der zweiten Auflage einsetzt: eine »unvergeßliche Darstellung des Zeitelends« sei der Roman, schreibt Thieß, und von Molo hält ihn für »wertvoller als alle Kriegs- und Revolutionsdokumente«.

In dem Buch schildert Graf sein Leben von 1905 bis 1918. Er stellt sich darin immer wieder infrage, zweifelt an der Zielgerichtetheit der Handlungen oder nimmt mitunter eine humoristische Perspektive darauf ein. Im Vordergrund steht die Individualgenese angesichts historischer Fakten. Das gilt auch für die Zeit der Revolution, über die er ausführlich berichtet. Seine Erinnerungen sind aus der Sicht ›von unten‹ verfasst und gehen auch mit »Revolutionsbonzen« kritisch ins Gericht. Er ergreift nicht Partei, sondern hinterfragt die Handelnden.

Ein literarisch-politisches Statement

Nach einer kritischen Besprechung des Romans *Wir sind Gefangene* in der Zeitschrift *Linkskurve* 1930 antwortet Graf »an einen und viele Genossen«:

»In dem Aufsatz ›Betriebsarbeiter als Literaturkritiker‹ in Nr. 5 der ›Linkskurve‹ wird erzählt, ein russischer Genosse Metallschmelzer hätte sich über meine Lebensgeschichte so geäußert: ›... Komische Kritik bei euch, wo so ein Buch von Oskar Maria Graf ›Wir sind Gefangene‹ als

links bezeichnet wird. Ein schöner Revolutionsheld! Der geht mit seinem Liebchen Sekt saufen und läßt andere für sich kämpfen ...‹ Um es gleich zu sagen: Aehnliches habe ich von meinen deutschen Genossen auch schon oft gehört und habe es nie bestritten, nur richtiggestellt. Und wenngleich es mir ziemlich gleichgültig ist, was ›linke‹ und ›rechte‹ Kritiker und sonstige siebengescheite Leute über meine Bücher sagen – Genossen stehe ich gern Rede und Antwort. Ich schreibe ja nicht für Kritiker, Dichterkollegen und Intellektuelle, sondern für das Volk. Und dieses Volk ist etwas anderes wie die Bevölkerung, es setzt sich, so meine ich wenigstens, zusammen aus Genossen, während die Bevölkerung immer Mischmasch ist.
Also – es stimmt vollkommen, lieber russischer Genosse, ich war ein ›schöner Revolutionsheld‹, und ich bin, während andere kämpften, Sekt saufen und zu Huren gegangen. Allerdings habe ich nirgends in meinem Buch behauptet, daß ich revolutionärer Mitkämpfer war. Ich war ein unentschiedener, leicht angerebbelter, kopfloser Bohèmetyp, weiter nichts. Eine völlig undiskutable, bürgerliche Erscheinung also. Und als solche habe ich mich nach bestem Wissen und Gewissen dargestellt: 1. weil mich alle sogenannte Literatur anekelte, 2. weil ich sie grundverlogen fand und endlich 3. weil es mir darauf ankam, an meinem Beispiel den Typ ganz wahrhaftig und schonungslos zu zeigen, auf den einst die deutsche Revolution gehofft hat, auf den heute noch die meisten Genossen hereinfallen.
Hätte ich beispielsweise meine Lebensgeschichte nicht in Ichform, sondern als Roman geschrieben, was dann? Dann hättet wahrscheinlich ihr, Genossen, und die ganzen Kritiker ein Loblied etwa so gesungen: ›Fein, er zeigt diese Revolutionswanzen richtig. Das ist einmal ein revolutionäres Buch, weil es uns aufklärt über die Verrottetheit und Unzuverlässigkeit solcher Gestalten.‹ Und die Kritiker hätten vielleicht noch hinzugefügt: ›Dieses Buch ist eine Anklage, ein Fanal einer ... na, und so weiter!‹

Ich aber hätte entweder bitter lachen müssen über euch, Genossen, oder ich hätte eine Wut bekommen, weil ihr so gutgläubig und dumm seid. Gerade weil ich das Buch in Ichform schrieb, forderte ich euch und forderte ich alle heraus, denn mir kam und kommt es immer beim Schreiben darauf an, den Menschen so darzustellen, wie er in Wirklichkeit ist, mit seinen Schwächen, seinem Dreck, seiner Verlogenheit und all seinen inneren und äußeren Hemmnissen. Was ist denn letzten Endes Sinn und Zweck der Literatur? Etwa das Volk und die Menschen, den Menschen so darzustellen, wie er euch behagt, wie ihr, Genossen, ihn euch wünscht, etwa die Welt und ihr Getriebe zu schildern, wie beide nicht sind, bloß damit ein Bild herauskommt, das euch irreführt und – strenggenommen – gutgläubig und unkämpferisch macht?
Oder: Soll der Schriftsteller versuchen, ein Bild dieser Welt und dieser Menschen zu geben, daß jeder Genosse sich sagen muß, mit dieser Wirklichkeit haben wir zu rechnen, die haben wir totzuschlagen und zu verändern. Mit Versen, mit Lobliedern und Romanen, die immer nur darauf hinauslaufen, daß die Genossen recht haben, gut sind, zu Unrecht unterliegen oder mit Begeisterung siegen, ist wenig getan. Tendenz hin, Tendenz her. Literatur ist: Das Wissen um den Menschen und das Wissen um alle Hintergründe der Welt vermehren. Du, Genosse Metallschmelzer, arbeitest für den Nutzen deiner Klasse. Glaubst du wirklich, daß ein Mann, der ›Wir sind Gefangene‹ geschrieben hat, aus Eitelkeit oder, um was Schönes für bessere Leute zu machen, Bücher schreibt? Er schreibt sie auch nur für den Nutzen derer, zu denen er sich zählt.«

Linkskurve, 2. Jg., 1930, H. 1, S. 16 f.

GRAF UND DIE MÜNCHNER ÖFFENTLICHKEIT

Aus dem Selbstverständnis Grafs folgte ein verstärktes Engagement in der Öffentlichkeit. Nach 1924 hielt er wiederholt Vorleseabende ab, in der zweiten Hälfte der 1920er-Jahre verfasste er Stellungnahmen oder offene Briefe und organisierte sich mit anderen in Gruppen. Er engagierte sich im Münchner Komitee für die Freilassung der in der Vereinigten Staaten unschuldig in Haft sitzenden Arbeiterführer Sacco und Vanzetti, unterstützte die Rote Hilfe und freundete sich mit Franzl Müller, Wilhelm Olschewski und Lina Haag an, für deren Autobiografie *Eine Hand voll Staub – Widerstand einer Frau 1933–1945* er ein Vorwort schrieb. Er war Mitglied im Schutzverband deutscher Schriftsteller, setzte sich für die Abschaffung der Todesstrafe ein und war in der Initiative für ein Volksbegehren gegen die Fürstenentschädigung aktiv. Er bezog 1927 Stellung gegen das Gesetz zum Schutze der Jugend vor Schund und Schmutz und engagierte sich im 1926 gegründeten »Jungmünchner Kulturbund«, der aus einem Lesezirkel um »Die Weltbühne« entstand und eine der wenigen Artikulationsformen abgab, die für ihn auch im persönlichen Bereich unproblematisch blieben. Für die Sozialistische Arbeiterjugend hielt er nach 1925 Abendvorträge.

Graf kommentierte auch Initiativen zur Belebung des literarischen Lebens in München, was immer auch mit politischen Implikationen verbunden war. Am 2. November 1926 kam es zur Gründung der »Münchner Gesellschaft 1926«, auf der er die Verleihung eines Münchner Dichterpreises ansprach. Er wiederholte den Vorschlag in einer *Zwiebelfisch*-Ausgabe von 1926/27 zur Kunststadt-Debatte und kritisierte bei der Gelegenheit die Gründungsveranstaltung der Gesellschaft sowie die mangelnde Bereitschaft der Redner, das politische Problem zu benennen: »Außer den Präsidenten der verschiedenen Künstlervereinigungen sprach auch Thomas Mann, und alles was Namen und Glanz hatte, war da. Kein offen empörtes Wort gegen die Unruhestifter fiel. Zartsinnig und geistvoll wurde Münchens ruhmreiche Kunstvergangenheit geschildert [...]. Ziemlich enttäuscht klatschten wir jedes Mal Beifall.« Weiter

»Oskar Maria Graf, bisher nur als Dichter bekannt, sucht die Aufmerksamkeit des Münchener Stadtrates nunmehr auch durch sportliche Leistungen auf sich zu lenken!« – Karikatur von Erich Wilke in der Zeitschrift »Jugend«, 1932

heißt es: »Das sanfte Schlummerlied über Münchens Niedergang als Kunst- und Kulturstadt wirkt allmählich langweilig. Geändert hat sich nichts. Die Abwanderung geht weiter. Es ist übrigens bezeichnend, daß man bei all diesen Diskussionen die Jugend und das schöpferische Werdende völlig übergeht. Es ist bezeichnend für den Zusammenbruch, bezeichnend vor allem aber auch für den Geist dieser Wiederaufrichter.«

Der Zwiebelfisch hatte bereits 1921 in einer redaktionellen Vorbemerkung, vermutlich von Max Krell, auf den Argwohn gegenüber Weimarer Republik, Antisemitismus, Künstler- und Intellektuellenfeindlichkeit sowie die Rolle der Presse dabei hingewiesen. Bezüglich der Presse hieß es, sie würde dem »Partikularismus und ungepflegten Provinzgeschmack« dienen, und weiter: »In dem an Format umfangreichsten Käseblättchen der bayerischen Hauptstadt erklärte der zum Literatur-Referenten bestellte Gymnasiallehrer Hofmiller, dass das Papier zu schade sei, für die Besprechung moderner Dichtkunst.«

Die publizistische Tätigkeit Josef Hofmillers scheint Graf über Jahre beobachtet zu haben, denn er wurde für ihn zu einem direkten Angriffspunkt innerhalb des literarischen Lebens Münchens. Graf fühlte sich generell von der Presse in München nicht hinreichend beachtet und schrieb an den »urbayrisch königstreuen Rosenheimer Gymnasialprofessor« einen Brief, dem er provokativ einen 20-Mark-Schein beilegte, um Hofmiller zu einer Rezension zu bewegen. Im Brief will Graf vor allem als Bayer gesehen werden und setzt sein Selbstverständnis – in der »Maske robuster Naivität« – demjenigen des Adressaten entgegen: »Ich bin, genau wie Sie, hochgeachteter Herr Professor, geborener Bayer und katholisch und, weil man mir das für mein Fach allerseits angeraten hat, geheimes Mitglied der ›Bayerischen Königspartei‹. Dieses schon deswegen, weil mir ein König viel lieber wäre wie der landfremde Hitler, den, wie ich weiß, auch Ihre werte Persönlichkeit ablehnt.« Hofmiller sendete das Geld empört zurück, ging aber ansonsten nicht auf Grafs Polemik ein.

Gerhard Bauer hat Grafs epische Welt in den 1920ern in drei Werkgruppen unterteilt: Vom *Bayrischen Lesebücherl* über das *Bayrische Dekameron* zu *Finsternis* sowie dem ersten Teil der *Kalendergeschichten* vertiefte Graf das ländliche Leben. In *Wir sind Gefangene*, dem *Notizbuch des Provinzschriftstellers* und den *Dorfbanditen* beschäftigte er sich mit der eigenen Person. *Zur freundlichen Erinnerung* und der zweite Teil der *Kalendergeschichten* erweitern die städtischen Sozialstudien, bevor die Sammlung zeitgemäßer (proletarischer) Märchen in *Licht und Schatten* von 1927 dem Werk eine neue Untergattung hinzufügte, das Jugendbuch. Zum Ende der Weimarer Republik bezog er dann erneut kritisch Stellung zu den Entwicklungen der Zeit: in der Kritik der Kleinbürgermentalität in *Bolwieser. Roman eines Ehemanns* von 1931 und an der sozialen Lage in *Einer gegen alle* 1932.

Für alle Werkgruppen gilt, was Graf in einer Erläuterung zu *Der harte Handel* geschrieben hat: »Das Ausschlaggebende für mich ist immer noch gewesen: Menschen hinzustellen, die ganz wirklich sind; durch die Darstellung des wahrhaft Echten ein glaubhaftes Gleichnis zu geben.« Die Texte sind realistisch und werden durch ihre Zeitbezüge gleichnishaft. Das ist auch der Fall in *Bolwieser*, dem exemplarischen Roman eines Kleinbürgers, für den die Welt zunächst in Ordnung ist, dem aber sein anthropologisches Kostüm und seine Unterwürfigkeit einen Strich durch die Rechnung machen. Die Handlung beginnt wie ein Happy End, Bolwieser »ist satt« von einer Liebesnacht mit seiner Frau. Er ist stolz auf seinen Besitz und wird im Verlauf der Handlung gerade dadurch korrumpierbar: Sexualität entpuppt sich als Hörigkeit, Besitzdenken als Anlass zu Selbsttäuschung und Lüge. Märchenhaft endet er als Fährmann, dem alle Triebe und aller Wille abhandengekommen sind.

Einer gegen alle wurde als Zeitroman konzipiert. Graf greift darin auf das für die Literatur der 1920er-Jahren wichtige Sujet des Vagabunden zurück. Dieses ist einerseits zeitgenössisches Thema, weil es, wie bei Mühsam, die Stellung des »Lumpenproletariats« in der Gesellschaft betrifft. In den späten 1920ern wurde die »Bruderschaft der Vagabunden« gegründet, die das Recht auf eine nomadische Existenz einforderte und die Zeitschrift *Der Kunde. Zeitschrift für die Menschen auf der Landstraße* herausgab, deren erste Ausgabe 1927 erschien. Für die dritte Ausgabe steuerte Graf, auch wenn ihn die Bruderschaft und die Zeitschrift nicht restlos überzeugten, die Geschichte *Ohne Bleibe* bei. Spätestens seit 1923 war Obdachlosigkeit andererseits auch ein gesellschaftliches Problem. Es wurde, bedingt durch die schlechten wirtschaftlichen Verhältnisse, zu einem Massenphänomen.

Der Titel des Romans ist ein Kommentar zu Artikel 163 der Weimarer Verfassung, der den Aspekt der staatlichen Arbeitsvermittlung und Arbeitslosenversicherung regelt. Das Motto »einer für alle, alle für einen« wendet Graf in »einer gegen alle« um – 1932, in Zeiten der Massenarbeitslosigkeit mit über sechs Millionen betroffenen Menschen, liest sich die Wendung als Kritik am Versagen der Politik seit dem Ende der Revolution 1918/19. Es ging Graf aber um mehr. Wie nebenbei wird in einem Erzählkommentar ein weiterer Hinweis gegeben: Es gebe einzelne Menschen, die eine »scharfe Witterung« für die Zeitverhältnisse hätten, »eine unerklärliche Unruhe treibt sie der größeren unklaren Unruhe entgegen«, denn »sie riechen den schwelenden Brand in der Luft«.

6 Erste Exilstation: Wien

PLÖTZLICH EINE ÖFFENTLICHE PERSON

»Und damit fing unser Exil an …« Dieser lapidare Satz beendet nach zwei Leerzeilen Grafs zweite, ein Jahr vor seinem Tod 1966 erschienene Autobiografie *Gelächter von außen*. Beiläufig beginnend lassen seine Offenheit und die bei ihm am Satzausgang beliebten, vieldeutigen drei Punkte manche Interpretation zu. Bedeutet ihm das Exil einen Bruch in der Biografie, wie manch anderem Kollegen, oder den Neuanfang der zweiten Lebenshälfte? In zwei Berichten hatte er die Episode amüsant ausgestaltet, der lapidare Satz liefert das Vermächtnis.

Seit dem 24. Februar 1933 war er in Wien. Der späte Rückblick datiert den Beginn des Exils auf den 11., meint aber den 6. März 1933 (vom »charakteristischen Geschichtsverlust im späten Exil« spricht Wilfried F. Schoeller, Herausgeber der Werkausgabe). Seine Lebensgefährtin Mirjam – pflichtschuldige Demokratin – hatte bei den letzten freien Reichstagswahlen am 5. März in München ihre Stimme gegen Hitler abgegeben, reiste einen Tag später ab und kam »entsetzlich verängstigt« in Wien an; »eine lebenslange Platzangst« plagte sie fortan.

Als Graf sie Mitte Februar eingeladen hatte mitzureisen, bestand sie auf Dableiben: »von Deutschland weggehn, weg und vielleicht nicht wieder, nie wieder zurückkönnen«, das konnte sie sich nicht vorstellen. Gerade das aber wurde ihr Schicksal. Als sie 1958, ein Jahr vor ihrem Tod, mit ihrem Mann nach Deutschland hätte reisen können, entschied sich die Jüdin für Israel. Graf besuchte später nur viermal München.

Seit dem 30. Januar 1933, dem Tag des »Ermächtigungsgesetzes«, lebten Mirjam und Oskar in dauernder Angst, hatten aber, solidarisch besorgt, noch zwei kommunistischen Freunden die Münchner Wohnung als Unterschlupf angeboten. Daran, die Stadt zu verlassen, dachten sie dennoch nicht. Auf Einladung der Zentralstelle für das Bildungswesen in Wien war Graf wenige Tage vor dem Reichstagsbrand zu seiner alljährlichen Lesereise nach Österreich aufgebrochen und wollte vier Wochen später wieder zurück sein. Ihm deswegen eine ›freiwillige Emigration‹ zu unterstellen, wie sie etwa Anette Kolb wählte, ist wohl falsch: Er war im Ausland, als ihm seine in Wien eintreffende Lebensgefährtin klar machte, wie sehr sich die Lage in München verschärft hatte. Die Heimkehr war – wie für Thomas Mann, der Anfang Februar 1933 ebenfalls auf Reisen war – ausgeschlossen, der Verbleib im Ausland unausweichlich. Auch die Plünderung ihrer Wohnung ließ Arges befürchten; dass die beiden kommunistischen Freunde nach Mirjams Abreise verraten und ermordet wurden, bestätigte ihnen – wie Graf in *Gelächter* ergänzend einfügt –, dass Mirjams Angst und sein Entschluss damals nur zu berechtigt waren. Der nach 30 Jahren verfasste autobiografische Rückblick setzt deshalb den 6. März als Ausgangsdatum ›unseres Exils‹ an: Es begann, von Mirjams Angst und seiner Einsicht motiviert, überlebensnotwendig.

Mit dem 6. März 1933 ist ein Datum post quem non gesetzt. Für die Zeit danach fehlt Grafs eigene Darstellung, nur Fragmente existieren zur Fortsetzung von *Gelächter*, eine biografische Erzählung muss auf autobiografische Vorgaben verzichten; für dieses Defizit entschädigen objektive Zeugnisse, die Blicke von außen, und ausgewählte Selbstaussagen ohne den Erzählzusammenhang des Autors. Mit Exil-Beginn öffnet sich Graf weit ins politische Leben. Er wird plötzlich zur Person der Zeitgeschichte.

Eine merkwürdige Umkehrung ist festzustellen: Wer, angeregt durch die Lektüre des *Gefangenen*-Romans, seinen Namen in Berichten von Teilnehmern oder Beobachtern der Münchner Räte-Zeit sucht, findet keine Belege, es sei denn in den Polizei-Akten. Grafs Name kommt, entgegen der durch die Selbstdarstellung in *Wir sind Gefangene* geweckten Erwartungen, nicht vor. Mit der im Exilwerk sich wandelnden Orientierung des Schreibens ändert sich das gründlich: Er wird nicht mehr übersehen, wie eine Vielzahl von Dokumenten bezeugt – jedoch nur bis 1945! Danach wird Vieles anders.

Dreifach verändert sich sein Bild: Man sieht ihn nicht mehr durch das autobiografische Ich des selbsternannten »Provinzschriftstellers«. In Opposition zur geist- und kulturfeindlichen NS-Bewegung wich seine Selbstinszenierung als »lautester Dichter Münchens« einem entschiedenen Auftrumpfen als ›linksgerichteter, entschieden sozialistischer Geistiger‹ in einem weltweiten Echo-Raum. Aber während Aufsätze und Erzählungen in deutschsprachigen Exilzeitschriften erschienen und in den Asylländern aller Kontinente begierig gelesen wurden, begann jetzt die mühsame Verlagssuche für seine Bücher. 1927 hatten verschiedene Verlage noch vier, 1932 drei Bücher von ihm vorgelegt, er war ein gefragter Autor. Danach, im Exil, kam sein erster Titel nicht vor 1935 heraus, und 1936, 1937, 1938, 1941 folgte nur je ein Buch; dann war vier Jahre Pause bis 1945.

Im Schicksal dieser Bücher, gerade der ›auf Vorrat‹ geschriebenen, im Schreibtisch verbliebenen, spiegeln sich seine Exiljahre. Nur veröffentlichte Bücher verschaffen einem Autor die Existenzberechtigung, an sie bleibt sein Schicksal gebunden. Den Exil-Werken und ihrer Geschichte gebührt deswegen besonderes Augenmerk. Für das klassische Dictum »habent fata sua libelli« – Bücher haben ihre eigene Geschichte – gibt es wohl keine besseren Belege als die gegen viele Widerstände auf verschlungenen Wegen an ihre Leser gelangten Exil-Bücher Grafs. Deren Schicksale sind spannender als die Biografie ihres Autors. Denn von inszenierten Auftritten abgesehen, hielt er seine Lebensumstände bewusst unspektakulär, gegen Lebensende dezidiert ›mittelmäßig‹.

Im Österreich-Jahr wuchs die Zahl der Vortragstermine vor dem muttersprachlichen Publikum. Er wurde öffentlicher Redner; als Erzähler, der mit Leseranreden und dialektalen Einsprengseln schon in seinen Büchern auf Mündlichkeit setzte, sprach er bei vielen politischen Veranstaltungen oft genug ohne vorbereitetes Skript spontan und publikumsgerecht (bei seinem Auftritt in Moskau strich man ihn eben deswegen von der Rednerliste).

Weiterhin wandelt sich sein bisher ins ›Unterhaltliche‹ gebettetes politisches Engagement, seine amüsierte Kritik (wie etwa die Warnung vor Hitler im *Bayrischen Lesebücherl* 1924) in eine streitbare Haltung. Er resignierte nicht ins Kollektiv

Unterlegener, wie der Titel *Wir sind Gefangene* nahelegen könnte, sondern setzte seine Hoffnung auf die Einheit der Autoren und focht – die Militanz sei erlaubt – für die Solidarität von Emigranten und Exilanten, von Sozialisten und Kommunisten.

Das erste Zeugnis seiner durchschlagend neuen Orientierung erschien am 12. Mai 1933 auf der Titelseite der Wiener *Arbeiter-Zeitung*: sein Appell *Verbrennt mich!*

VERBRENNT MICH!

Am 10. Mai 1933 verbrannten deutsche Studenten in landesweit geplanter Aktion die Bücher der dem NS-Regime verhassten Autoren: Eine ganze Generation deutscher Schriftsteller, deren Namen heute die Epoche prägen, dazu auch historische Werke jüdischer (Heinrich Heine, Ludwig Börne) und ausländischer (Jack London, Upton Sinclair, Romain Rolland) Autoren; auch Sigmund Freud und Albert Einstein standen auf der ›schwarzen Liste‹. Die Namen gehätschelter NS-Autoren sind heute vergessen.

Graf las in Wien die »schwarze Autoren-Liste«, die von ihm nur *Wir sind Gefangene* aufwies; seine anderen Bücher wollte man wegen ihres ländlichen Personals – es war keine ›Asphalt-Literatur‹ – akzeptieren. Anders als Thomas Mann, der aus Sorge um den Absatz seiner Werke das NS-System zunächst nicht kritisierte, reagierte Graf binnen Tagesfrist mit einer genial formulierten Provokation unmittelbar auf die pyromanischen Braunhemden. Die Weltpresse entsprach seiner Bitte und druckte seinen Appell *Verbrennt mich!*

Anders als betroffene Kollegen wie etwa Toller, der sich in einem offenen Brief an Goebbels wandte, hatte Graf Resonanz: Statt moralischer Empörung über die geistfeindliche Aktion schleuderte er »dem Feind die verdiente Verachtung ins Gesicht« (Egon Schwarz). Seine Werke sollten nicht im Sinne der Blut-und-Boden-Ideologie missdeutet werden. Geistesgegenwärtig mit bitterem Witz wollte er sie lieber vernichtet wissen. Eine Berufung auf abstrakte Werte musste ihm bei diesen Gegnern sinnlos erscheinen, er verlangte die Verbrennung. Nicht als Opfer, sondern in gekonnt rhetorischer Aktion riss er das

Unter Vorzensur

Arbeiter-Zeitung

Zentralorgan der Sozialdemokratie Deutschösterreichs

Erscheint täglich um 6 Uhr morgens, Montag um 1 Uhr mittags

Nr. 130 | Wien, Freitag, 12. Mai 1933 | 46. Jahrgang

Verbrennt mich!

(Ein Protest von Oskar Maria Graf.

Wie fast alle links gerichteten, entschieden sozialistischen Geistigen in Deutschland, habe auch ich etliche Segnungen des neuen Regimes zu spüren bekommen: Während meiner zufälligen Abwesenheit aus München erschien die Polizei in meiner dortigen Wohnung, um mich zu verhaften. Sie beschlagnahmte einen großen Teil unwiederbringlicher Manuskripte, mühsam zusammengetragenes Quellenstudienmaterial, meine sämtlichen Geschäftspapiere und einen großen Teil meiner Bücher. Das alles harrt nun der wahrscheinlichen Verbrennung. Ich habe also mein Heim, meine Arbeit und — was vielleicht am schlimmsten ist — die heimatliche Erde verlassen müssen, um dem Konzentrationslager zu entgehen.

Die schönste Ueberraschung aber ist mir erst jetzt zuteil geworden: Laut „Berliner Börsencourier" stehe ich auf der weißen Autorenliste des neuen Deutschland und alle meine Bücher, mit Ausnahme meines Hauptwerkes „Wir sind Gefangene", werden empfohlen! Ich bin also dazu berufen, einer der Exponenten des „neuen" deutschen Geistes zu sein!

Vergebens frage ich mich, womit ich diese Schmach verdient habe.

Das Dritte Reich hat fast das ganze deutsche Schrifttum von Bedeutung ausgestoßen, hat sich losgesagt von der wirklichen deutschen Dichtung, hat die größte Zahl ihrer wesentlichsten Schriftsteller ins Exil gejagt und das Erscheinen ihrer Werke in Deutschland unmöglich gemacht. Die Ahnungslosigkeit einiger wichtigtuerischer Konjunkturschreiber und der hemmungslose Vandalismus der augenblicklich herrschenden Gewalthaber versuchen all das, was von unserer Dichtung und Kunst Weltgeltung hat, auszurotten, und den Begriff „deutsch" durch engstirnigsten Nationalismus zu ersetzen. Ein Nationalismus, auf dessen Eingebung selbst die geringste freiheitliche Regung unterdrückt wird, ein Nationalismus, auf dessen Befehl alle meine aufrechten sozialistischen Genossen verfolgt, eingekerkert, gefoltert, ermordet oder aus Verzweiflung in den Freitod getrieben werden!

Und die Vertreter dieses barbarischen Nationalismus, der mit Deutschsein nichts, aber auch schon gar nichts zu tun hat, unterstehen sich, mich als einen ihrer „Geistigen" zu beanspruchen, mich auf ihre sogenannte weiße Liste zu setzen, die vor dem Weltgewissen nur eine schwarze Liste sein kann!

Diese Unehre habe ich nicht verdient!

Nach meinem ganzen Leben und nach meinem ganzen Schreiben habe ich das Recht, zu verlangen, daß meine Bücher der reinen Flamme des Scheiterhaufens überantwortet werden und nicht in die blutigen Hände und die verdorbenen Hirne der braunen Mordbanden gelangen!

Verbrennt die Werke des deutschen Geistes! Er selber wird unauslöschlich sein, wie eure Schmach!

(Alle ausländischen Zeitungen werden um Abdruck dieses Protestes ersucht. Oskar Maria Graf.)

Collage der ersten Seite der Wiener Arbeiter-Zeitung vom 12. Mai 1933, die Grafs Appell direkt unter den Titel setzt

Gesetz des Handelns an sich und intervenierte im Kasernenton, der charakteristischen NS-Befehlsform, die in einer dafür typischen Entwürdigungsklimax der Adressaten gipfelt. Aus dem »neuen Regime« werden die »braunen Mordbanden«, die er auffordert: *Verbrennt mich!* und überlasst meine Bücher nicht euren »blutigen Händen und verdorbenen Hirnen«.

Als ›klassisches‹ Zeugnis unschlagbar spontaner Auflehnung hat *Verbrennt mich!* nicht nur Brecht zu einem hymnischen Gedicht auf den »verjagten Dichter, einen der besten«, inspiriert, es ist auch 2008 in Marcel Reich-Ranickis *Kanon der deutschen Literatur* eingegangen. Allerdings lassen sich an der Schulbuch-Rezeption dieses Appells beispielhaft die Schatten erkennen, die nach 1945 jahrzehntelang auf sein Werk fielen: Lesebücher der ›Südschiene‹, 1985 in Bayern und Baden-Württemberg erschienen, setzen statt »linksgerichteter, entschieden sozialistischer Geistiger« drei Punkte, und aus den »Genossen« machen sie »Freunde«.

Graf selbst konnte erst 1960 in einer programmatischen *Nachschrift* solche Vorbehalte ausräumen, indem er seinen ›Sozialismus‹ als eine parteiunabhängige, instinktive Empörung gegen jede Gewalt definierte. Die Vorbehalte der Lesebuchherausgeber abzubauen, hat Zeit gekostet! Aber inzwischen gibt es viele Nachdruck-Anfragen von Schulbuch-Verlagen.

Ob die 1933 von der *Bayerischen Hochschulzeitung* angekündigte Verbrennung seiner Bücher, die die *Nachschrift* erwähnt, stattfand, bleibt allein wegen unterschiedlicher Ortsangaben fraglich. Graf hat auch das Datum seiner Ausbürgerung vorverlegt: Er wurde nicht 1933, sondern erst im März 1934 für staatenlos erklärt, zusammen mit Albert Einstein, Johannes R. Becher und anderen.

Nachdem »das Hitler-Regime [...] das Regime der Bücherverbrennungen [ist] und es bleiben wird« (Thomas Mann), traf *Verbrennt mich!* das Herz dieses Regimes und gilt als Ehrenrettung deutscher Autoren.

ERZÄHLEN UND BERICHTEN ÜBER NS-DEUTSCHLAND

Dieses ebenso politische wie rhetorische Highlight aus dem ersten Vierteljahr seines Exils sicherte ihm für das weitere Dutzend Exiljahre und für die deutsche Literaturgeschichte eine prominente Rolle unter den ›verjagten‹ Autoren. Als die Bibliotheken der USA zum Datum der Bücherverbrennung 1943 ihre Fahnen auf Halbmast setzten, blieb er (inzwischen dorthin weitergeflohen) ein Hauptzeuge.

Im ersten Exil, einem muttersprachlichen Asylland, hat Graf mehr als 120 Veranstaltungen bestritten. Bereits am zweiten Abend in Wien, am 25. Februar 1933, und in der folgenden Woche hatte man ihm Termine für Lesungen aus eigenen Werken arrangiert, einmal sogar zwei an einem Tag. Honorare dafür gingen wiederholt an die »Sozialdemokratische Flüchtlingshilfe«.

An diese ersten Auftritte schlossen sich bis Februar 1934 politische Veranstaltungen an, bei denen der als »kommunistischer Dichter« angeschwärzte Graf von den linken Zeitungen gefeiert, aber von der autoritären, zum Austrofaschismus neigenden Dollfuß-Regierung polizeilich beobachtet wurde. Seine Themen reagierten spontan auf Ereignisse in Deutschland, auf den Mord an Felix Fechenbach, den Freund aus der Münchner Räte-Zeit, und auf das Verhalten von Kollegen beim PEN-Kongress in Ragusa (heute Dubrovnik) Ende Mai 1933; dem Dramatiker Ödön von Horváth, der ihm stofflich und politisch nahe stand, kündigte er die Freundschaft, weil der den Protest gegen die Vertreter aus NS-Deutschland nicht unterschrieben hatte.

Außerdem antwortete Graf in offenen Briefen bitter-sarkastisch auf Nachrichten aus Deutschland: So, als der deutsche PEN Beitragsrückstände von ihm forderte und deutsche Verlage seine Bücher mit Gewinn ins Ausland verkauften. Daneben konnte er über 80 Texte unterschiedlichster Art vor allem in satirischen Zeitungen unterbringen. Für *Götz von Berlichingen* schrieb er wöchentlich eine eigene Kolumne unter seinem Bild im bayrischen Kostüm; zu diesen Texten gehört die berühmte Geschichte *Drei Liter*: Am 1. Mai vertreiben NS-Jubeldemonstrationen in München eine Obstkarrerin von ihrem Standplatz. Sie will sich daraufhin beim »Donisl« einen Rausch antrinken: »›Auf der Stell' sauf' i mir an Rausch o! Drei Liter, Gustl! *Drei Liter*!‹« Der Anklang an den NS-Gruß macht die Hitlerleute nervös, sie hören genau auf den Wortlaut und lassen den Namen deutlich nachsprechen.

Graf wirkte auch über Österreich hinaus: Mit Anna Seghers, Wieland Herzfelde und Jan Petersen gründete er im September 1933 die *Neuen deutschen Blätter*, eine in Prag verlegte Exil-Zeitschrift. Über dem ersten Heft stand: »Wer schreibt, handelt.« Das Redigieren kostete ihn viel Zeit, befestigte aber auch den durch *Verbrennt mich!* gewonnenen internationalen Ruf. Als Heinrich Mann und Käte Kollwitz aus der Preußischen Akademie der Künste ausgeschlossenen wurden, schlug er eine »schwarze Liste« vor, die die verbliebenen »feigen« Autoren, darunter Gerhart Hauptmann und Hans Carossa, »für alle Zeit in unseren Reihen unmöglich machen« sollte (*Gegen-Angriff*, 15. Juni 1933). Als international wirkende politische Figur blieb er, obwohl er kein Parteibuch besaß, auch für den Kommunisten Johannes R. Becher zentraler Ansprechpartner.

Nach der Niederlage der österreichischen Arbeiter am 16. Februar 1934 musste Graf mit den Kollegen von der »Vereinigung sozialistischer Schriftsteller« (dazu gehörte der große Lyriker Theodor Kramer) in ein weiteres Asylland wechseln: Er floh in die Tschechoslowakei. Das im Österreich-Jahr Erfahrene spiegelt sein Roman *Der Abgrund*, den er in Brünn, seiner nächsten Exil-Station, schrieb. Dort hatte er, wozu ihm in Wien die »Sammlung« fehlte, wieder Zeit, »sich hinzusetzen und an großem Zeug zu arbeiten«. Seine produktivsten und glücklichsten Jahre begannen.

7 Zweite Exilstation: Brünn

DIE GLÜCKLICHSTEN JAHRE

Die Aufhebung des Asylrechts und eine drohende Abschiebung nach NS-Deutschland hatten den erwünschten Wien-Aufenthalt unmöglich gemacht; Graf wich mit seiner Lebensgefährtin, wie Heinrich und Thomas Mann, ins Nachbarland aus, das der von ihm hochverehrte liberale Staatsgründer Präsident Masaryk regierte. Es war ein glücklicher Zufall, dass Mirjam Sachs und er in Brünn, nur 130 km nördlich von Wien, landeten: »ich liebte diese kleine, damals noch sehr wohlhäbige und geistig sehr rege Textilstadt, in welcher ich viereinhalb Jahre fruchtbarer Arbeit verlebte«, schrieb er in einer Erinnerung und bekannte: »O, geliebtes ›Brno‹ meiner guten glücklichen Jahre, wie oft sehne ich mich zurück, wie nach einem Stück echter, geborgener Heimat!« Zu München gab es niemals ein ähnliches Bekenntnis!

Will Schaber, ein Exil-Kollege, fasst zusammen: »Oskar Maria Graf stieg hier zum Gipfel seiner Kreativität auf.« Die »sehr nette billige Wohnung [...] in einem Villenviertel, zwischen lauter Gärten« war ihm nach der Münchner Maxvorstadt und dem Wiener Spittelberg besonders willkommen; gleich ums Eck findet man Mies van der Rohes Villa Tugendhat. Brünn hatte damals 20 % deutsche Bevölkerung, die dank der Emigranten noch wuchs. Die ČSR war ein besonders großzügiges Asylland, aber Graf lebte dort ab 1936 ohne Aufenthaltsgenehmigung, und Visavorschriften verhinderten Reisen zu internationalen Exil-Kongressen. Zwei Ausweisungen entging er dank hilfreicher Freunde. Immerhin kam er in Brünn mit Kollegen aus Wien und München zusammen, veröffentlichte aber viel weniger und verdiente schlechter. Weil die dortigen Gasthäuser schon um 12 Uhr schlossen, blieb er aufs häusliche Leben beschränkt.

Von hier datiert seine lebenslange Freundschaft mit dem Ehepaar Ruth und Ernst Fischer. Im Vergleich zu Brünn missfiel ihm Prag, wohin er wegen der *Neuen deutschen Blätter* zu fahren hatte: »die dortige politische Emigration ist widerwärtig«.

Die Einheitsfront

»Mir kommt es immer wieder nur darauf an, die Arbeiterschaft endlich auf die Linie der Einheitsfront zu bringen und ich sehe überall die wertvollsten Kräfte, wie sie sich bekämpfen und lauter so Kleinkram auspacken«, schrieb Graf Mitte des Jahres 1934 an die Fischers. Das war keine persönliche Idee oder gar biografisch ableitbare Obsession.

In Brechts *Svendborger Gedichten*, die Mitte der 30er-Jahre entstanden und zu denen auch die Graf gewidmete *Bücherverbrennung* gehört, findet sich das *Einheitsfrontlied* mit dem zündenden Refrain: »Reih dich ein in die Arbeitereinheitsfront / Weil du auch ein Genosse bist.« – Bei der zeitnahen Achse Graf–Brecht beeindruckt das hohe literarische Niveau, auf dem eine politisch wichtige Frage der Zeit verhandelt wurde. Ihr lagen historische Erfahrungen zugrunde: die in *Wir sind Gefangene* beschriebene Spaltung der linken Parteien. Ohne die ideologisch verhärteten Spannungen hätte es – wie in Österreich – eine gemeinsame Front gegen die NS-Bewegung geben können.

(Die Einheitsfront ist nicht die ›Volksfront‹, die, von der Kommunistischen Internationale beschlossen, die Arbeiterklasse unter der Herrschaft der KPD vereinen wollte.)

Grafs früherer Verleger Wieland Herzfelde beschreibt ihn als »zutiefst friedliebend, beinahe idyllisch veranlagt«, er war keine »Kämpfernatur«: Orientiert an der Einheit der österreichischen Arbeiter im Kampf gegen das Dollfuß-Regime und für »jenes Proletariat in Österreich, das ich zu kennen glaube und unendlich lieben gelernt habe«, war sein Ideal die Einheitsfront. Ihrer Propagierung galt sein nächstes Werk.

»Seither [= seit Ankunft in Brünn] arbeite ich wie ein Roß an meinem neuen Roman, der ja bis Herbst fertig sein muß«, schreibt er an Rosenwald. Der wird unter dem Titel *Der Abgrund* jedoch erst zwei Jahre später gedruckt; er bleibt das wichtigste Zeugnis seiner politischen Ansichten. Die Schwierigkeiten, auf die die bis Herbst 1936 verzögerte Veröffentlichung stieß, lassen ahnen, welche Probleme der eigenständig und unabhängig agierende Graf mit manchen »widerwärtigen« Exilanten-Genossen gehabt haben muss.

»DER ABGRUND«

Ein Buch der Superlative: Gerhard Bauer nennt es in seiner Graf-Biografie dessen »politischstes« Werk. Sicher war es sein umstrittenstes: Trotz Vertrag und geleisteter Honorar-Anzahlungen zog ihm der Querido-Verlag in Amsterdam den noch vor 1933 verfassten Graf-Roman *Der harte Handel* vor. Ein Erscheinen des *Abgrund* ließ um Absatz in Österreich fürchten.

Wohl erst nach Grafs Teilnahme am All-Unions-Kongress in Moskau wurde das Manuskript abgeschlossen; die *Neuen Deutschen Blätter* kündigten das für März 1935 an und druckten im Januar 1935 bereits einen Auszug. Nach vielen Diskussionen kam es erst nach Frühjahr 1936 heraus: bei der Verlagsgenossenschaft Ausländischer Arbeiter in Moskau und bei Malik in Prag (beide Ausgaben waren in Moskau gedruckt worden; statt Prag stand London als fiktiver Verlagsort im Impressum). Der – wohl wegen des »politischsten« Inhalts – zögerliche Absatz sorgte dafür, dass 3000 Restexemplare 1937 in der Schweiz neugebunden als Ausgabe für Mitglieder einer Buchgemeinschaft herauskamen. Davor hatte Sergej Tretjakow schon eine gekürzte russische Übersetzung angeregt.

Nach Erscheinen wurde es in SPD-Zeitungen besonders kritisch besprochen, und auf die Neuauflage musste man nach 1945 am längsten warten: Mit neuem Titel, *Die gezählten Jahre,* entstand in New York zwar schon 1956 eine neue Fassung, die entgegen der Vorankündigung in der DDR aber nicht erschien. Posthum gab sie Hans Dollinger 1976 innerhalb der *Gesammelten Werke in Einzelausgaben* mit einem Nachwort Jean Amérys heraus. Dieses Buch erschien also nur in der BRD und auch erst nach 1968, als ein intensiverer Umgang mit der deutschen Vergangenheit möglich war. Wer – wie Graf – Zeitgeschichte darstellt, wird auch deren Opfer: Die einst so umstrittene erste Fassung hatte weitere elf Jahre zu warten! Sie kam 1982 in der

Werkausgabe der Büchergilde heraus und lag erst 1994 für den allgemeinen Buchhandel vor.

Der Abgrund ist wegen seines selten gewordenen Schutzumschlags, gestaltet von John Heartfield, derzeit im Antiquariat das teuerste, dank der spannend zu lesenden Aufsätze Sigrid Schneiders und Simone Barcks aber auch das bestdokumentierte Graf-Buch!

Wegweisend für Grafs weitere Exil-Produktion und für sein Selbstverständnis liest sich die Selbstanzeige in *Das Wort*, der in Moskau von Brecht, Feuchtwanger und Bredel herausgegebenen literarischen Monatsschrift: alle Werbung hinter sich lassend ein beispiellos offenes Lektüre-Angebot.

»Der Abgrund« – Oskar Maria Graf über seinen neuen Roman

»Der Roman ist in den ersten vier Monaten nach dem Zusammenbruch des Aufstandes der österreichischen Arbeiter im Jahre 1934 entstanden. Er behandelt das Schicksal einer süddeutschen sozialdemokratischen Familie von der Demission des Kabinetts Hermann Müller bis in die Zeit der Emigration hinein. Er ist also vor allem die Geschichte sozialdemokratischer Menschen, wenngleich auch Kommunisten darin eine Rolle spielen. Arbeiter treten darin auf, die ich kannte und noch kenne, mit denen ich den größten Teil meines Lebens verbracht habe. An Hand eines kaum zu bewältigenden, oft sehr widersprechenden Tatsachenmaterials habe ich einen politischen Zeitroman zu gestalten versucht. Die manchmal nur schwer verständlichen Motive und Fehler in der Politik der deutschen Sozialdemokratie und der Kommunistischen Partei, die Ursachen, welche Hitler an die Macht brachten, und die ersten Probleme der Emigration – dies alles ist gewissermaßen die Basis, auf der ich die Handlung aufbaue. Aus dem deutschen Niederbruch kommen die politischen Flüchtlinge nach Wien und erleben – fast genau so wie in ihrer Heimat – das langsame Zurückweichen der Sozialdemokratischen

Partei vor dem Faschismus. Sie zweifeln an der Richtigkeit eine solchen Politik, sie glauben aber ebensowenig den Kommunisten. Nur eines fühlen sie dumpf und schließlich klarer, wenn die hoffnungslose Wirklichkeit sie niederdrückt: Wir müssen einig sein!
Ich habe diesen Roman geschrieben, damit eben über dieses Problem diskutiert wird, damit es beiträgt zur Verwirklichung der Einigung. Ich hoffe, es ist mir halbwegs gelungen, psychologisch manches zu klären, was, oberflächlich betrachtet, nur allzu schwer faßbar ist. Ich habe das Menschliche meiner Gestalten in den Vordergrund gestellt und glaube zuversichtlich, daß die Menschen, wenn sie sich nur einmal ganz begriffen haben, zusammen finden müssen, sobald das Ziel das gleiche ist. Gewiß konnte ich, als zu sehr Mitlebender, nicht immer so ›objektiv‹ sein, wie es manchem meiner sozialdemokratischen und kommunistischen Kritiker angenehm wäre. Auch ein Dichter ist nicht anderes als ein Suchender, einer, den Zeit und Wirklichkeit formt.
Ich hoffe nur, daß meine literarischen Kritiker rücksichtslos mit diesem Roman verfahren werden. Ich rechne aber noch viel mehr damit, daß meine sozialdemokratischen und kommunistischen Genossen, die Arbeiter, die Emigranten, und die Illegalen, ganz offen zu meiner Arbeit Stellung nehmen. Je heftiger die Diskussion wird, um so näher kommen wir uns, um so mehr gewinne ich, lerne ich und werde ermuntert. Nur eine solche Teilnahme an seinem Schaffen ist ergiebig für den Schriftsteller. Lobeshymnen über sein Werk sind meistens nichts anderes als Grabgesänge.«

aus: Das Wort [Moskau] September 1936, S. 97

Der Inhalt ist schnell erzählt: Im Zentrum eines Generationenromans steht die Familie Hochegger: Zwei zum NS driftende Kinder bedrohen in der »Hauptstadt der Bewegung« die sozialdemokratisch orientierten Eltern und ihren Bruder Joseph. Ins Wiener Exil getrieben kämpfen diese gegen die NS-Übergriffe auf den Nachbarstaat. Spannungen zwischen dem Vater, einem zunehmend resignierenden Sozialdemokraten, und Joseph spiegeln die jüngsten Zeitläufte; Letzterer geht »den Weg vom bürokratischen zum kämpfenden Sozialismus« (Lion Feuchtwanger in seiner Rezension) und neigt der KPD zu. Mit den für modernes Erzählen typischen einmontierten Zitaten vergegenwärtigt Graf zeitnah den historischen Hintergrund. In den Februarkämpfen 1934 trifft den alten Hochegger eine verirrte Kugel. Joseph, in eben diesen Kämpfen verletzt, gelingt dank seiner tapferen Frau die Flucht über die Grenze in die ČSR; im Dienst der dortigen Kommunisten hält er an der bayrischen Grenze Verbindung zu »Gruppen in der Heimat«. Sie bleiben die Orientierung, wie für Graf und andere Exilanten.

Gegen seine Selbstkritik – »Ich habe nie ein Hehl daraus gemacht, daß der *Abgrund* als Kunstwerk nicht ganz gelungen ist [...] das Ganze ist dadurch, daß es zuviel ›Zeit‹ unverarbeitet aufnahm, bröcklig« – zeugen spontan positive Reaktionen von Exilkollegen für den menschlichen wie politischen Gehalt des Buches. Kurt Kersten, ein unabhängiger Sozialist mit starker Neigung zum Kommunismus, versteht den Roman als »ernste Mahnung, endlich die Reihen zu schließen [...] das deutsche Volk und die Welt vor dem Abgrund zurückzureissen«.

Jean Améry, der wohl eindrucksvollste Zeitzeuge, versteht im Nachwort zu *Die gezählten Jahre* Grafs Schreibprogramm am besten: Bei ihm »wird alles Tagesrealität, die [...] über sich hinausreicht ins Existentielle«.

Für Grafs Biografie aufschlussreich ist ein Vergleich der Romanschlüsse von *Der Abgrund* und *Die gezählten Jahre*: Hielt er am Anfang des Exils die »Emigration« für »eine erbarmungslose Dreschmachine. Staub verfliegt, die Körner bleiben, und ein Korn wird hundert«, so endet die zweite Fassung resignativ: Das Familienschicksal bis in die BRD-Restauration weiterführend fragt der Erzähler: »Politik? Wen interessiert sie schon noch? Höchstenfalls die Leute, die davon leben.« Aus den USA auf die Deutschen blickend, waren seine Mahnungen in Zeiten des Wirtschaftswunders unwillkommen. Das Buch musste auf seine Leser warten.

»Für uns alle war Sowjetrussland um die damalige Zeit noch immer etwas begeisternd Gigantisches aus Politik, Elektrizität und Riesenwerke und Staudämmen, Kolchosen und maschineller Umstellung der Landwirtschaft, aus jäh hervorgebrochenem Glauben an Wissenschaft und Technik, aus notwendiger Menschvermassung, aus Lenin und Stalin plus höchster Bewunderung aller gewaltigen russischen Dichter [...], kurzum aus dem tiefnüchternen Element einer neuen Gesellschaftsordnung, die gleichsam mit metallenem Geist eine gerechte, sozial vollkommen ausgeglichene Zukunft zu schaffen versprach.« Noch mehr Begeisterung kann man sich kaum vorstellen; aber Vorsicht: Graf spricht im Präteritum! Dazu hat er die Erinnerung an Boris Pasternak mehrfach umformuliert. Sie gehört in den Kontext der Russlandreise des Jahres 1934 und erklärt den Ton, auf den Grafs erst posthum veröffentlichter Reisebericht abgestimmt ist.

Neben der Vergangenheitsform deuten weitere Signale auf Distanz zu den damaligen Hoffnungen. Er schließt mit einer typisch groben Abfuhr des von ihm als opportunistisch geschilderten Ernst Toller: »›Pasternak, weißt du, der ist momentan suspekt‹, sagte [...]Toller leise zu mir: ›Sicher ist er ein großer Dichter, sicher, aber überlebt wie Rilke, dein Rilke ...‹ ›Quatsch! Die leben länger als wir alle‹, fuhr ich ihn bissig an: ›Die überleben uns alle ...‹« Seine lebenslange Begeisterung für Rilke hatte ihm den Weg zu dem in der UdSSR gerade in Verruf geratenen Pasternak geebnet.

Wohl weil der beginnende Stalinismus ihn erschreckte, er aber noch mit einer Publikation des *Abgrund* in Moskau rechnen konnte, hat er nur Vorträge über die Reise gehalten, den schriftlichen Bericht aber als Fragment im Schreibtisch verwahrt.

Was verraten die posthum veröffentlichten Berichtteile über ihn und seinen politischen Standpunk? Durchgängig zeigt sich Graf als spöttelnd provozierender Reisegenosse, der die Sorgen des befreundeten Autors Adam Scharrer verlacht und ihn gutmütig reizt: »›Normal bist Du ja nicht‹, meinte Adam wiederum. Er schüttelte den Kopf. ›Hoffentlich werd' ich's nie, Adam‹, sagte ich: ›Hoffentlich …‹« Die gute Laune blieb ihm in Moskau, wo Kinder der Lederhose nachliefen. Als sie mit Stecknadeln durchs Leder zu stechen versuchen, wurden sie von Aufsichtspersonen verscheucht, und als sein Freund Tretjakow dieses Ereignis anekdotisch für einen Bericht in der *Prawda* vorschlug, wurde der abgelehnt: »Witz war nicht geeignet für die Sowjetunion …«, kommentiert Graf. Man bat ihn, »irgendeine unauffälligere Kleidung zu tragen«.

Stärker betraf ihn, dass man seine für den Kongress angekündigte Rede vorab schriftlich einforderte. Er hatte vor, gegen »Gorkis schulmeisterliche Auffassung, wonach der Dialekt und dialektgefärbte Wort in einem Buch verdammenswert seien«, aufzutreten, denn »immer nur aus dem Dialekt heraus erfahre eine Sprache Bereicherung und Bildkraft«. Er verzichtete dann aber und verschwieg seine Ansicht auch auf der weiteren Reise. Sonst ließ er sich eine Spontaneität nicht verbieten.

Zu den entscheidenden Eindrücken der Reise, die vom 15. September bis zum 8. Oktober dauerte, gehören bei ihm wie bei den Mitreisenden die in so kurzer Zeit gelungene Alphabetisierung und die Begeisterung der russischen Bevölkerung für Literatur: »bis in die letzte Fischerhütte« wurden Romain Rolland, André Gide und Stefan Zweig gelesen, schreibt Balder Olden. Hier schien die Isolierung des Schriftstellers vom Volk auf wunderbare Weise aufgehoben. Grafs wesentlichster Eindruck in der Ukraine und Georgien war ein kaukasisches Weinfest bei einem »Bergvolk in seinem Urzustand«: Das war für ihn »wie ungefähr ein indianisches Oktoberfest«, und: »Mitten in dieser fremden Berggegend war ich – daheim, ganz daheim!«

Dort erhielt er die Nachricht vom Tod seiner Mutter, die am 27. September 1934 starb; dementsprechend lässt er sein größtes Buch *Das Leben meiner Mutter* auch mit der Erinnerung an das grenzübergreifende – Bayern und Russland mit den Ureinwohnern Amerikas verschmelzende – Fest enden. Aus dem Erlebnis des Bergvolks heraus verklärt er das Bild der Mutter zu einer Allegorie dessen, was für ihn zum ›Volk‹ (im Gegensatz zu nationalstaatlicher Organisation) als Inbegriff des Menschseins gehört.

WEITERE BÜCHER IM EXIL: HANDEL – SITTINGER – QUASTERL

Das Schicksal des als *Bayrischer Bauern-Roman* untertitelten Werks *DER HARTE HANDEL* variiert auf besondere Weise die verschlungenen Wege von Grafs Werken, die bisweilen aufregender sind als der von äußeren Zwängen bestimmte Lebensweg ihres Autors. Nachdem die konservativen *Münchner Neuesten Nachrichten* im Februar 1932 die später nicht wieder gedruckte Geschichte *Der gute Handel* gebracht hatten, begann eben diese Zeitung einen Monat später den daraus von Graf entwickelten Roman fortsetzungsweise abzudrucken, der als Buch erst 1935 im Exil herauskam. Den Vorabdruck darf man zu jenen Graf-Texten zählen, die nach Thomas Mann nur »aus Versehen« in der »dummen Stadt« erscheinen konnten, weil die ›Münchner bürgerliche Presse‹ den ›revolutionären Volksbegriff‹ ihres Verfassers nicht erkannt habe.

Im *Harten Handel* geht es um einen Versicherungsbetrug, der dem Buch eine eigene Geschichte bescherte: Gleichzeitig mit der Ausgabe im *Süddeutschen Verlag* kam dieser Roman 1978 als »unverkäufliche Sonderausgabe der Bayerischen Rückversicherung AG« heraus. Deren Marketingabteilung demonstrierte die Liberalität des Hauses, die einer spannend erzählten Geschichte erlaubte, zum Versicherungsbetrug anzuleiten.

Grafs Intention war eine andere: In der Zeit der Hochkonjunktur der Bauernromane, die der NS-Blut-und-Boden-Literatur den Weg bahnten, erzählt er von den ökonomischen Nöten der Landbevölkerung. Der Roman handelt nicht vom Kampf mit der Natur um die Ernte; aus der Perspektive des Gerichtsbeobachters wird geschildert, wie ein findiger Bauer sich das Kapital für einen neuen Hof beschafft. Dass Graf den Lederer als einen frauenfeindlichen Sturschädel präsentiert, also kaum die Sympathie des Lesers mit ihm aufkommen lässt, unterstreicht den Erkenntniswert des Buches, weil keinerlei gefühlige Anteilnahme den Kriminalfall dämpft.

Der als zweites Exil-Werk entstandene *ANTON SITTINGER* greift das Thema eines früheren, noch vor dem Exil erschienenen und in typisch bayrischem Milieu spielenden Werks auf: *Bolwieser*, den *Roman eines Ehemanns.* Dabei ergibt sich der Eindruck, dass die Sicht des Exilanten bereits erzählte Stoffe neu akzentuiert: Der Bauer im *Handel* unterscheidet sich markant von der eher sympathisch erzählten Landbevölkerung der *Kalendergeschichten;* und *Sittinger* eröffnet neue Blicke auf eine Ehe als politisches Feld. Bei Graf-Lesern gilt die Frage danach, welcher der beiden Eheromane einem besser gefalle, als eine Art Nagelprobe: Zieht man den psychologischen Erzähler dem politischen Exil-Autor vor oder vice versa?

Anton Sittinger, »Grafs erfolgreichstes Werk der Exilzeit« (Helmut F. Pfanner), erschien nach *Abgrund* im Jahr 1937 mit der für Exilwerke charakteristischen Deckadresse *Malik-Verlag London*. Im Jahr des Erscheinens hatte bereits ein umfangreicher Vorabdruck für den Roman geworben: Die in Moskau verlegte *Internationale Literatur* brachte die beiden ersten Kapitel. Zwei Jahre später übersetzte die den *Exiled German Writers* gewidmete Nummer der New Yorker Zeitschrift *Direction* die beiden Schlusskapitel. Sie bilden den einzigen fiktionalen Beitrag dieses Heftes. Dass man Graf-Werke oder auch nur Auszüge daraus in beiden Hemisphären der Welt abdruckte, wiederholt sich später noch öfter und zeigt, wie er jenseits ideologischer Blöcke geschätzt wurde.

Anton Sittinger greift den von Graf durchaus selbstkritisch verstandenen Spießbürgertyp des *Bolwieser* auf. Das Motto zum Buch lautet: »Menschen wie Sittinger gibt es in allen Ländern Abertausende [...] In manchen Zeiten heißen sie ›du‹ und ›ich‹ ...« Die wiederum in Bayern angesiedelte Handlung ist in ein historisch genaues Zeitgerüst der Jahre 1917 bis 1933 eingefügt und thematisiert die Geschlechterrollen neu: Dominierte dort die Frau den seiner Sinnlichkeit verfallenen Mann, so treiben Sittingers Theorien seine Frau in die Arme draufgängerischer Nebenbuhler. Deren schneidiges Auftreten bringen ihr das NS-System nahe. Während sich Anton Sittinger als souveräner Mensch jenseits der politischen Wirren versteht, hat sie ihn hinter seinem Rücken als »passives Mitglied unserer Bewegung« eintragen lassen. Je mehr die Politik in seine Ehe eindringt und den auf Opportunismus geschalteten Bildungsbürger aushöhlt, desto näher kommt dem Leser die Titelfigur. Grafs Erzählkunst erzwingt die Einsicht, dass ohne die politische Abstinenz das NS-System wohl nicht entstanden wäre.

Mit der Erzählung *Der Quasterl*, die in zwei diametral orientierten Exilzeitschriften – 1937 in Thomas Manns *Maß und Wert* und 1938 in *Das Wort* – vorabgedruckt wurde, lokalisiert Graf seine Figuren in der bayrischen Dorfjugendzeit, diesmal aber mit deutlich politischem Akzent; Titelfigur ist ein entfernter Verwandter, als eine Art Dorfdepp das todtraurige Gegenbild der Graf-Geschwister. Für den Autor ist er der erste Vertreter des Proletariats, mit dem er implizit alle Hoffnung auf politische Energien dieses aktuellen Typs begräbt. Dennoch haben die Herausgeber der Reihe *Das internationale Buch* 1938 dem *Quasterl* einen Einzeldruck in Moskau gewidmet, und in New York stand der Text sechs Jahre später als Titelerzählung über dem ersten Graf-Band der *Aurora*-Reihe (vgl. S. 103). Mit *Quasterl* hat also nicht nur ein Journaldruck, sondern auch ein Buch die Grenze zwischen den politischen Blöcken überwunden.

DAS ENDE DER GLÜCKLICHEN JAHRE

NS-Übergriffe auf die Tschechoslowakische Republik machten das multinationale Land für die Exilanten zunehmend gefährlich. Zwar trennte Graf sich nicht leicht von den angenehmen Lebensbedingungen und seinen »vielgeliebten Tschechen«, aber Anfang 1938 ergaben sich für ihn, der zunächst nach England und Dänemark tendiert hatte, vielversprechende Kontakte nach Amerika. Aufgrund des Vorschlags von Thomas Mann kam er »als einer der ersten« in den Genuss eines Arbeitsstipendiums der *American Guild for German Cultural Freedom*, New York. Zum »Senator« ernannt hatte Graf das Recht, verfolgte Kolleginnen und Kollegen für Arbeitsförderungen vorzuschlagen.

Im Juni 1938 nahm er noch an der PEN-Tagung in Prag teil, bei der er sich für die »sozialistische Humanität« des »bewundernswerten Sowjetstaates und seiner glücklichen Völker« begeisterte. Am 14. Juli flog er mit Mirjam über Deutschland hinweg nach Rotterdam. Per Schiff fuhren sie nach New York, wo sie am 27. Juli ankamen und einen Monat lang bei Freunden wohnen konnten.

Im Spiegel der Freunde Tretjakow und Herzfelde

Sergej Tretjakow (1892–1939) und Wieland Herzfelde (1896–1988) stehen für internationale Avantgarde aus der ersten Hälfte des 20. Jahrhunderts, einer fruchtbaren Kunstepoche. Zu Herzfelde, dem Gründer des Malik-Verlages, gehört sein Bruder, der 1914 aus Protest den Namen zu John Heartfield (1891–1968) anglisierte: Bahnbrechend für satirische Kunstformen erfand er die politische Fotomontage, auch für Einbände der Bücher Grafs. Der schwärmte: »Seine Werke bewegen und aktivieren Millionen gesitteter Menschen [...] er ist ein tief notwendiger Künstler«.

An Tretjakow schätzte er den besonderen Realismus, den der »Dichter und Reporter zugleich« mit der Montage in seinen Büchern erschuf. Für die erste Ausgabe des *Abgrund* übernahm Graf dieses typografische Verfahren, das spätere Ausgaben leider nur bedingt erkennen lassen.

Durch die wechselseitige Wertschätzung Tretjakows und der beiden Herzfeldes rückt Graf in eine Konstellation, die den selbsternannten »Provinzschriftsteller« zum Weltbürger und Repräsentanten der Moderne macht. Das Pathos einer politisch verstandenen Ästhetik und solidarisch definierten Menschlichkeit verband sie: Sie gehören zu jener nachbürgerlichen Autoren-Generation, die Graf als einer der ersten in Deutschland repräsentierte. Thomas Mann erkannte diese Generation als »zeitnotwendig, wenn auch erst von wenigen als solche erkannt«; trotz seiner »Urwüchsigkeit« galt ihm Graf als »gründlich infiziert von internationaler Literatur und internationalem Sozialismus«.

Tretjakow und Herzfelde/Heartfield stehen für mich gleichsam als Flügelfiguren um das Bild, das diese Biografie vermitteln möchte. Der russische Autor porträtiert Graf in seinem »Bio-Interview«: »Er ist ein Mann der präzisesten literarischen Arbeit. Die Dialektfülle erhebt sich bei ihm auf einem festen und einfachen sprachlichen Boden. Nicht einen Juwelier der Sprache will ich ihn nennen. Im Juwelier steckt zuviel von der hypergenauen Lupe und der Reglosigkeit der großen Muskeln. Eher einen Dreher, der das Metall des Wortes bearbeitet. Er versteht sich auf das Bedeutungsgewicht der Wörter, er kennt den Stabilitätswert einer richtig gebauten Wendung.« – Und im Stil des Interviews, auf Grafs Lebensfülle anspielend, sagt er: »Oskar, wenn man dich essen sieht, dann bekommt man sündhaften Appetit.«

Herzfelde korrigiert Ernst Bloch, als dieser einmal Graf »schlaue Biederkeit« unterstellte: »daß er sich überall leicht einlebt, ist nur halb richtig. Ihr wißt nicht, welches Übermaß an Anstrengung es ihn kostet, dieses Spiel des allweges heiteren animierten Menschen durchzuhalten. Aber er hat sein ganzes Leben lang sich durchschlagen müssen, natürlich entwickelt das Fähigkeiten, die einem fehlen, wenn man das nicht hat tun müssen, und die einem sogar fremd und unsympathisch sein mögen. Ich weiß aber, daß sich hinter seiner trinkfesten fidelitas und Biederkeit viel trauriger Ernst und Lebensangst verbirgt« (Brief vom 15. März 1939). Mit »fidelitas« klingt ein beliebtes Graf-Wort an: »Fidelität« schreibt er seiner Mutter zu, »Ernst und Lebensangst« erklären manch Zurückweichen Grafs.

8 Dritte Exilstation: New York

KEINE WAHL

»Ich kam also [...] eigentlich unfreiwillig nach Amerika!« Dieses Eingeständnis zeugt von Zufällen und Zwängen, der für jeden Exilierten abgebrochenen Lebensperspektive. Am düsterst verschatteten 9. November 1938, unwissend der deutschen Tagesereignisse, erzählte er von den Exil-Anfängen und appellierte selbstbewusst an die »politisch kämpferische« Emigration.

Zunächst hatte er sich bei Rudolf Olden noch über Einreisebedingungen nach England erkundigt. Im rührenden Postscript seines Briefes vermerkt er: »Ich verdiene und bin unabhängig.« Damit blieb er erfolglos; auch norwegische Behörden beschieden ihn »geradezu skandalös« ablehnend. Also knüpfte er an amerikanische Verbindungen an: Zwei seiner Geschwister – Lenz und Nanndl – waren schon Anfang der 20er-Jahre in die USA emigriert; ihre Bürgschaften reichten jedoch nicht, so dass noch andere helfen mussten. Aus Angst vor der puritanischen Moral reiste das noch immer unverheiratete Paar Mirjam und Oskar getrennt in die USA ein.

Im August 1938 fand Graf seine bis zum Lebensende bewohnte Adresse im Norden von New York, an der vorletzten Station des A-Train. Washington Heights war eine von vielen Deutschen bewohnte Gegend, man nannte sie »das vierte Reich«. Heute leben vor allem Hispanos dort. Über die Anfänge berichtet Bloch an Herzfelde: »das Leben hier für Graf läßt sich leider nicht leicht an.« Aber schon Anfang Dezember konnte er schreiben: »Graf hat mit seiner Rundreise, die ihn nach Maine und Pennsylvania führt, sehr schöne Erfolge.« Sein Vortrag *Ein deutscher Dichter erzählt von seiner Heimat* – in Philadelphia, Cleveland, Baltimore, Detroit und Chicago gehalten – brachte Resonanz und regte zum Plan einer nie realisierten deutschsprachigen Zeitung an.

In dem Vortrag verwendete Graf überraschender Weise zweimal Anglizismen: Deutschland sei nach dem Kaiserreich »ausgepowert bis zum letzten« gewesen; und »man killte bereits Demokraten« am Anfang der NS-Bewegung. Später ver-

Im obersten Geschoss dieses Hauses in der Hillside Avenue in Nord Manhattan (nicht in der gleichnamigen Straße in Queens) lebten die Grafs in einer kleinen Wohnung

mied er solche Vokabeln. Trotz mancher Ansätze, Englisch zu lernen, blieb er einsprachig.

Wichtiger aber als die linguistische Beobachtung erscheint sein politisches Credo: Entgegen eigener Scham und Schmerzen hat er sein »Volk noch nie [so] geliebt als jetzt, da ich von ihm getrennt bin«; er mündete ins Bekenntnis zum »unsterblichen deutschen Volke, zu dem ich gehöre«. Gleich die ersten öffentlichen Äußerungen kündigen die Identifikation mit dem ›Volk‹ an und deuten auf seine später leitmotivische Polemik gegen die These von der ›Kollektiv-Schuld‹ voraus.

Das besondere US-Exil

An einem »Blochabend« gab es unter den Exilanten organisatorische Querelen, derentwegen der Philosoph sich auch über Graf entrüstet zeigte. Graf selbst berichtet darüber mit seltenem Überschwang: »dann Bloch sehr gut«. Es handelt sich um den später in *Wort* erschienenen Vortrag zum US-Exil und zu speziellen Sprach-Problemen: In *Zerstörte Sprache – zerstörte Kultur* begeistert sich Bloch für die USA ähnlich wie später auch Graf; er erklärt aber auch dessen aus heutiger Perspektive schwer verständlichen Unwillen, Englisch zu lernen.
Über jeden Verdacht taktischen Lobes erhaben, charakterisiert Bloch den »Schmelztiegel« des »kapitalistischen Pionierlandes«, in dem es noch »deutsche Liedertafeln und Kegelklubs« mit »besonders gemütlichem Eigenleben [...], oft landsmannschaftlich gegliedert«, gibt. »Amerika läßt jeden gewähren, der die gesellschaftliche Grundlage des Staates nicht tätlich bezweifelt.« Und schließt an: »Wer hier ist, ist hier und hat gleiche Rechte« – für Exilanten mit europäischer Bürokratie-Erfahrung war das ein unerwartetes Entgegenkommen!
Zu der essentiellen Frage der Sprache formuliert Bloch weitest gehende Überlegungen: »Also scheint es normal, daß wir hier englisch sprechen und schreiben [...] Doch demgegenüber steht das noch mehr Normale, daß nur wenige Menschen und unter ihnen äußerst wenige Schriftsteller je imstande waren, sich in einer fremden Sprache so sicher, gar so produzierend zu bewegen wie in der eigenen. Keine Nuancen sind ausdrückbar, keine Schärfe noch Tiefe. [...] der Zufall, der uns in die eine oder jene Sprache hineingeboren werden ließ, [kann] später durch keinen anderen ›Zufall‹ korrigiert werden, auch nicht durch Emigration.« Für die deutschen Autoren galt nach Bloch, dass ihre eigene Sprache im NS-Deutschland »zu ersticken, im Ausland zu erfrieren [drohte]. [...] Was würdig ist, deutsche Literatur genannt zu werden, ist zur Zeit ohne Volk.« Er formuliert

alternative Reaktionen auf die Dilemmata: Die einen haben Deutschland »abgeschrieben«, als trauten sie Hitler 1000 Jahre zu. Die anderen wollten ihr »altes Sein und Bewusstsein behalten« und fühlten sich »hier, wo man ihnen diese Isolation nicht läßt, fast stärker in der Emigration als vorher [...] für manchen [beginnt sie] subjektiv im größeren Umfang«: Wer einreiste, wurde von Anfang an als »neuer Landsmann« behandelt.
Mit diesen Dilemmata hatte sich Graf während der folgenden Jahre auseinanderzusetzen; in reduzierter Form waren sie ihm durch seinen Wechsel aus dem Dialekt in die Hochsprache widerfahren. Auf Bairisch als Literatursprache insistierend, hatte er sich aber schon einmal entschieden. Seinem besonderen Temperament verdankt er die Fähigkeit, an seinem »New Yorker Leben [...] nichts sonderlich überraschend« zu finden: »ich fand und finde es sehr nett und lehrreich hier zu leben«, schreibt er im August 1938 an Hubertus Prinz zu Löwenstein.

DIE GERMAN-AMERICAN WRITERS ASSOCIATION

Getreu dem Eröffnungssatz »Wer schreibt, handelt« der *Neuen deutschen Hefte* begann Graf auch im US-Exil sogleich mit der Organisation einer kollektiven Unternehmung. Einem zuvor eher müden Schutzverband deutschamerikanischer Schriftsteller (German-American Writers Association, GAWA) gab er neue Impulse, indem er Thomas Mann für den Ehrenvorsitz gewann. Getragen vom Glauben an die Deutschen wollte Graf den Exilanten »eine Weltgeltung verschaffen, die der Nazigeist niemals brechen kann«. Seine literarische Produktion stellte er dafür ein Jahr lang zurück und sorgte für öffentliche Resonanz; schon im Sommer 1938 war beim USA-Schriftsteller-Kongress unter dem Titel *Writers for Democracy* eine *Special Session* den *Writers in Exil*e gewidmet, in der Graf neben Arnold Zweig, Klaus Mann und anderen als GAWA-Repräsentant auftrat. Wöchentliche Halbstunden-Sendungen, die man in *Direction* bewarb, zielten darauf: »to counteract Nazi influence on the air [...] To defend true German culture in this country.«

Darüber hinaus wollten Graf und seine Mit-Vorstände die GAWA zu einer Art Zensurbehörde des in die USA gratis gelieferten NS-Schrifttums ausbauen und die in der ČSR und Frankreich gefährdeten Autoren mit Einreisepapieren versorgen. Ihn beschäftigte vor allem eine Sisyphos-Aufgabe – der durch politische Differenzen erschwerte Zusammenhalt einer Organisation, die eigentlich nur auf literarische Anliegen gerichtet war. Stolz berichtet er von 90 Mitgliedern, die sich jedoch hinsichtlich ihrer Verhaltensweisen gegenüber Moskau und weiteren Kriegsgegnern der Deutschen kritisch beäugten. Vor allem führte sein Grundsatz, man dürfe »nie antideutsch operieren«, zu Differenzen mit Klaus Mann und dessen Familie, deren Haltung – Klaus schrieb in Englisch und kämpfte in der US-Army – für Graf schließlich das Ende der GAWA heraufbeschwor. Im Jahr 1940 fanden nur noch gesellige Veranstaltungen statt, die ihn im Juni eine gallebittere Abrechnung verfassen ließen, die er allerdings nicht an die GAWA-Kollegen abschickte (vgl. Briefe S. 146–152).

Der zwischen Hitler und Stalin im September 1939 geschlossene Nicht-Angriffspakt, den manche als Diktatoren-Bündnis gegen die westlichen Demokratien verstanden, löste den endgültigen Bruch aus. Als moskau-kritische Kollegen auf rigorose Absage nach dort drängten und einen »sog.[enannten] kommunistenreinen Schutzverband« gründen wollten, meldete sich niemand, wie Graf erfreut feststellte. Er selbst verteidigte sich als »Epiker«: Als solcher müsse er nicht »jenen beflissenen Übereifer im Bewerten der täglichen Weltgeschehnisse« teilen und dürfe »den Menschen mit seinem ganzen vielverzweigten Widerspruch« – moralisch, politisch und literarisch – sehen. Tagespolitische Stellungnahmen lehnte er ab. Nicht ohne Ironie beruft er sich in einem Brief auf »unseren alten lieben Gott, der diese Geschehnisse stets so einrichtet, daß sie uns nicht gefallen«.

Damit lieferte er den Eifernden das Bild vom »Stalinagenten in der Lederhose«, das ihn über Kriegsende hinaus zum Kommunistenfreund stigmatisierte. Statt der üblichen fünf hatte er fast 20 Jahre, von 1938 bis 1958, auf die Naturalisierung als US-Bürger zu warten.

WERKE DER KRIEGSJAHRE: MUTTER-BUCH – QUASTERL – UNRUHE

Bereits in Brünn hatte Graf mit der Abfassung des Romans *Das Leben meiner Mutter* begonnen. Er holte Informationen bei den in Berg verbliebenen Geschwistern ein. Ebenso plante er auch schon zwei Bände über *Menschen der Heimat* und *Menschen in der Fremde*: »Heimat und Emigration charakterisieren« war sein Vorhaben; nicht nur dem Rückblick, auch der Vorausschau wollte er sich widmen. Auf einen Band reduziert erschien das Buch *Mitmenschen* erst 1951 in DDR-Berlin.

Graf hat das Werk *THE LIFE OF MY MOTHER / DAS LEBEN MEINER MUTTER* dank eines Stipendiums in der Künstlerkolonie Yaddo, nördlich von New York, fertigstellen können: in Brünn 1938 begonnen, in New York fortgeführt und im Frühjahr und Sommer 1940 abgeschlossen, wie er am Schluss vermerkt. Für ihn verdrängte es den Frust und die GAWA-Sorgen. Es ist nicht nur wegen des Umfangs ein Schwerpunkt seines Schaffens, verbindet es doch das für Exil-Autoren typische historische Thema mit Grafs autobiografischem Schreiben.

Im Zentrum steht eine scheinbar passive Figur, die repräsentativ aus der Sicht ›von unten‹ auf vergangene Zeitgeschichte blickt. Kein Künstler, kein Henri Quatre oder Geschichtsheld wird dem deutschen ›Führer‹ entgegengestellt. Eingeflochten in die Geschichte der Familie Graf treten viele aus *Kalendergeschichten* und *Chronik von Flechting* bekannte Dörfler auf – Kastenjackl, Viehjud Schlesinger, Pfarrer Jost und Schmalzerhans – ein dörflicher Kosmos entsteht.

Dass das Buch zunächst in einer dem Verfasser unverständlichen Übersetzung erscheinen musste und weitere sechs Jahre bis zum Druck in der *Mutter*-Sprache vergingen, zeigt sein besonders widriges Fatum. Zwar galt Graf als beliebtester Schriftsteller der Deutsch-Amerikaner, doch seine Landsleute in den USA lasen statt »Gsott« (= gehäckseltes Tierfutter) »the fodder we have cut«, statt »murmelte Zenzl« »Zenzl concluded« und statt »die ›christlichen‹ Viehhändler« »gentile cattle-dealers«. Das sind nur wenige Beispiele. Letzteres zeigt die Verluste: »gentile« heißt »nicht-jüdisch, auch heidnisch«, es verfehlt die

Spitze des Autors gegen »christlich«. Aber ihm blieben diese Verfehlungen verborgen. Auch der Übersetzer wollte nicht genannt sein.

Fürs Weihnachtsgeschäft lag das Buch im November 1940 vor und wurde positiv rezensiert. Mit der bald eingetretenen Verlagspleite war dann allerdings das Schicksal der US-Ausgabe besiegelt.

Für die deutsche Erstausgabe dieses kriegskritischen Buchs eines Pazifisten brachte ausgerechnet ein US-General das Manuskript nach München. Es wurde mit niedriger License-Nummer der Militärregierung bald nach Kriegsende gedruckt. Dass es bis heute immer wieder neu aufgelegt wird, spricht für anhaltende Nachfrage. Auf die zweite Auflage jedoch hatten BRD-Leser einst bis 1959 zu warten; die 9000 Exemplare der DDR-Ausgabe von 1951 waren umgehend verkauft.

Eine Notiz aus dem Nachlass, mit »Brno, als ich ›Die Mutter‹ 1938 begann«, datiert, liefert eine programmatische Selbstinterpretation: »Der Realist in der Dichtung ist ein Zerstörer jeder eingebildeten Menschengrösse. Er erkennt die Fragwürdigkeit und Vergänglichkeit alles Seienden zu scharf und landet am Schlusse bei der grausamen Wahrheit, daß der Mensch in jeder Zeit und jeder Gesellschaftsordnung stets unverändert bleibt. Realismus und Skepsis verhalten sich zu einander wie Bruder und Schwester: Der eine gibt das entschleierte Bild des Menschlebens wider [sic!], die Schwester lächelt melancholisch darüber, als möchte sie fragen: ›Und weswegen nun eigentlich die vergebliche Mühe?‹« Das ist eine Frage an die Leser: Sie richtet sich an ein mündiges, kein kunstgläubiges Publikum, das klassisch-vorbildhafte Figuren wünscht; stattdessen soll es sich fragen, warum es nicht ›vergeblich‹ liest. Eine typisch dialektische Lesemotivation.

Brieflich bestätigt Graf im April 1944 seinem Freund Gustav Fischer, der habe trotz der Einwände gegen die Übersetzung »aus dem Buch den Sinn« herausgelesen: »die mütterliche Arbeit sei eigentlich das Wesentlichste auf der Welt [...] Ich wollte ja versuchen, die Arbeit an sich von allem Klassenkämpferischen loszulösen [...] ich wollte zeigen, daß Arbeit und Volk etwas durchaus Mütterliches, Bauendes, Schöpferisches ist, während das ewige Planen, dasjenige, was die Ideologien in die Menschen bringt, keineswegs so wichtig ist«. Die Argumente für ›mütterliche Arbeit‹ zielen auf den in den sozialistischen Ländern gefeierten Mythos vom ›Helden der Arbeit‹; auch das *Quasterl*-Beispiel richtete sich gegen die Idee vom Klassenkampf. In sein Erzählen flicht der Autor also eine politische Argumentation ein; so auch mit dem Bild des zerfurchten Mutter-Gesichts, das er in jeder Ausgabe abgebildet sehen wollte und das mit »Tolstoi und Goethe, Lincoln und Lenin« über seinem Schreibtisch hing, als »das Krönende schlechthin«.

Das *Mutter*-Buch stellt die konservativ-katholische Bäuerin also als eine ›Heldin der Arbeit‹ dar, und es entwickelt darüber hinaus auch Gegenbilder zu NS-Mythen: Die Heimatgegend ist kein heiles Dorf, sie wandelt sich im Lauf der Geschichte zur Immobilie für neureiche Münchner; Grund und Boden sind juristisch abgesichert mit der Bäckergerechtsamen (ein altes Zunftrecht), auf der der Vater seinen Laden aufbaut. Und die Bäckermutter widerspricht dem vom NS-Staat heroisierten Mutterkreuzträgerinnen. Sie steht fest in den Traditionen des katholischen Glaubens: ›der Hitler‹ kam für sie »vom Antichrist«, weil der Pfarrer das so gesagt hatte. Unehelichen Enkeln widmet sie ihre Fürsorge und fremde Arbeiter und Zigeuner gehören zum Dorf.

Damit liegt kein ›vergebliches‹ Buch vor uns: Das »sinnvollste Beispiel« (so der Titel einer schon 1933 kurz gefassten Mutter-Erzählung) steht in einem familien- und ereignisgeschichtlichen Epochenbild, das zugleich »eine politische Demonstration« ist (Hans Albert Walter).

In der dritten deutschsprachigen Auflage von 1959, die *nach* Grafs Zeit als staatenloser Exilant erschien – er war 1958 eingebürgert worden –, lässt er sein erzähltes Ich erstmals der Mutter gestehen, »dass ich nur simuliert hatte. Sie war nicht im geringsten bestürzt und hörte zu als erzählte ich etwas Selbstverständliches«. In den vorangegangenen Ausgaben stand nur da: »ich erzählte ihr alles.« Die Einbürgerung hatte ihn vom Trauma aller Revolutionäre und Verweigerer geheilt,

Der Aurora-Verlag wirbt 1945 für die Erzählsammlung »Quasterl« mit dem Foto eines selten so entspannten Graf

jedem Staat als Feind zu gelten; er war von einer »Lebensangst« erlöst, die Herzfelde ihm zugeschrieben hatte. Mit einem kleinen Texteinschub bekannte er sich beiläufig zur widerständigen Identität.

Noch während der Arbeit für die GAWA versuchte Graf, Leser für seine Bücher zu gewinnen: 1939 ließ er 1100 Exemplare des *Dekameron* per Faksimile-Druck herstellen, 1941 von *Sittinger* ebenso viele – er vertrieb diese Bücher unter Freunden und trug sie im Rucksack in die Camps der »Naturfreunde«, einer sozialistischen Arbeiter-Touristen-Organisation, die auch in den USA aktiv war.

Als sich die Aussicht auf einen Gemeinschaftsverlag mit den verbliebenen Freunden von der GAWA erfüllte, erschien als sein erster Nachkriegs-Titel *DER QUASTERL* 1945 im Aurora-Verlag; dieser war seit mehreren Jahren als Kollektiv- und Non-Profit-Unternehmen von Bloch, Brecht, Döblin, Feuchtwanger, Graf, Heinrich Mann u. a. geplant worden. Programmatisch wollte man »getreu der großen humanistischen Tradition der deutschen Literatur am kulturellen Wiederaufbau [des befreiten Deutschlands] teilnehmen«.

Berthold Viertel hatte mit Wieland Herzfelde die Gründung betrieben. Er erwähnte schon 1943 »mehrere ungedruckte Romane« Grafs: »Einen Autor wie Graf möglichst ganz zu haben, scheint auch mir erstrebenswert«, schreibt er. Die Reihe *Deutsche Literatur im Exil* sollte unter dem anrührenden Motto stehen: »Ins Exil getragene Heimat. Aus der Erinnerung geschaffen«. »Unser großer Graf«, wie er schreibt, stand damit zentral in einer auf hohem Niveau etablierten Exil-Reihe, die der Ost-Berliner Aufbau-Verlag weiterführte. Zugleich mit *Quasterl* erschienen Brechts *Furcht und Elend des III. Reiches* und Blochs *Freiheit und Ordnung* – eine beeindruckende Umgebung!

Grafs zweites Buch im Aurora-Verlag *UNRUHE UM EINEN FRIEDFERTIGEN* – nur ihm war das doppelte Erscheinen bei Aurora vergönnt – schließt 1947 die wichtigste Exil-Buchreihe ab. Thomas Mann lobt es als »sein wohl Bestes und Stärkstes«, Heinrich Mann zählt es im Brief an Herzfelde zu den »seltenen Romanen, denen man mit Vertrauen folgt«.

Mit *Unruhe* liegt ein an Figuren und Geschehen reiches Buch vor, das man mit Spannung liest, weil Graf auf Mitgefühl für einen anrührenden Protagonisten setzt und die Zeit von 1918 bis 1933 nicht nur aus der Perspektive eines überschaubaren Dorfes lebendig werden lässt, sondern ihm auch seine dezidierte Deutung mitgibt. In die geradlinig erzählte Handlung mit fast 100 Bewohnern des oberbayrischen Auffing bettet er öfter und umfangreicher Landschaft ein; man spürt neben den politischen Akzenten die »landschaftliche Sehnsucht« nach der Heimat. Einem Brieffreund gesteht er im April 1950: »wo sollte ich denn anders hingehen als nach Bayern, wo ich zwar *landschaftlich* aber politisch gar nicht hingehöre.«

An den Schuster Kraus, der im Mittelpunkt des Buches steht, erinnert Graf in seiner Rede *Das deutsche Volk und Hitlers Krieg* als Bürger seiner »Heimatpfarrei«. Ihn gestaltet er als Opfer der Auffassung, man könne als Einzelner den ganzen Widerwärtigkeiten von Staat, Ämtern, Gericht und der Polizei entgehen; die wesentliche Kritik richtet sich dabei gegen das Einbrechen der verheerenden Geschichte ins Dorf. Auf persönliche Spannungen zwischen den Bauern aufbauend, spaltet sich das Dorf in ›Hitlerische‹ und ›Rote‹. Den Letzteren gehört die Sympathie des Schusters und seines Autors, ihnen soll ein unerwartet großes Erbe zukommen, das dem Kraus ein gefährliches Interesse verschafft. Es wird plötzlich bekannt, dass er Jude ist: Ein SA-Sturm erschießt ihn.

Grafs Interesse an der Befreiung von Begriffen aus ideologischer Verengung steigert hier eine autoreigene Neuschöpfung, die er dem Kraus in den Mund legt: Das »A-Bopa«, ein politisches Negativ-Symbol für staatliche Widrigkeiten, entspricht der phonetischen Umschrift des französischen *embonpoint*, dem Schmerbauch als Attribut angemaßter Macht: »bauchige Regierungsleute« und ähnliche Fügungen finden sich in Erzählungen.

Dem Buch *Unruhe* war ein zeittypisches Fatum beschert, es fiel zwischen die beiden deutschen Staaten. Nach der Erstauflage in New York erschienen ab 1948 die zweite bis fünfte Auflage und ein Reprint in der DDR mit eingedrucktem Export-Verbot: Ausland waren damals auch die Westzonen bzw. die BRD.

Das »bei uns bisher völlig unbekannte Hauptwerk« (Norbert Mecklenburg zur ersten BRD-Auflage) musste bis 1975 warten. Warum? Hans Dollinger, der die *Werke in Einzelausgaben* betreute, bietet im Nachwort zur *Unruhe* die richtige Erklärung: Er weist auf die in West und Ost umstrittene Interpretation der Jahre nach Monarchie-Ende bis zum Anfang des NS-Beginns hin – eben den Zeitraum von *Unruhe*. Die in der BRD gängige »Beschwörungsformel ›Bonn ist nicht Weimar‹« prägte nach 1968 die Diskussionen. Graf dagegen befürchtete die Wiederholung und bestand auf seiner Meinung, obwohl sie Veröffentlichungs-Chancen in der BRD verringerte.

Davon zeugt auch die Nachkriegs-Fassung des *Abgrund* mit dem auf die Weimarer Republik gemünzten Titel *Die gezählten Jahre*. Diese Neufassung führt das Geschehen um die Familie Hochegger bis in die Nachkriegs-Gegenwart weiter und mündet in den Vorwurf deutscher Geschichtsvergessenheit: »Man weiß, wie unverdrossen sich die deutschen Massen aus dem Grauen und Elend hochgearbeitet haben. Bei diesem Werkeln und Rackern verwischte sich der überstandene Schrecken mehr und mehr, und schließlich wurde er vergessen wie nie gewesen. [...] Regierungen, Parlamente, Gesetze, Gerichte und eine Polizei gibt es wieder, und – nicht zu vergessen – auch wieder eine exakt funktionierende Armee mit den modernsten Waffensystemen. Politik? Wen interessiert sie schon noch? Höchstenfalls die Leute, die davon leben.« Mit der Gleichsetzung konnte er keine Freunde in der BRD gewinnen. Auf beiden Seiten des Eisernen Vorhangs entstanden unterschiedliche Graf-Bilder.

Am Schicksal dieses Werks erkennt man besonders die Rückwirkung eines Buchs auf das Leben. Bot er in der DDR das Bild eines antifaschistischen, viel übersetzten Schriftstellers von Weltformat, den man gerne las, so war er in der BRD auf ›Bodenständigkeit‹ fixiert, weil eben *Unruhe* und andere Titel bis nach seinem Tod zu warten hatten: 1975 erschien *Unruhe*, 1976 *Die gezählten Jahre*.

EXIL-LEIDEN

Bevor es zum Ende der GAWA gekommen war, formulierte Graf sehr beredt seine Auffassung vom Exil. Mit ihr stand er nicht allein, wenn auch über den meisten Exilanten. Für Lion Feuchtwanger gab es »freiwillige und es gab Muß-Emigranten«. Letztere waren die Mehrzahl. »Gesinnung, Prinzipientreue sind Güter, auf die man leichter verzichtet als auf das tägliche Brot und auf die Butter darauf.« Er resümierte: »Exil zerrieb, machte klein und elend; aber Exil härtete auch und machte groß [...] Viele engte das Exil ein, aber den Bessern gab es mehr Weite, Elastizität, es gab ihnen Blick für das Große, Wesentliche.«

Wer Grafs Rede vom 9. November 1938 liest, könnte meinen, Feuchtwanger habe ihn unter die Letzteren gezählt. Mit einem historischem Datum setzt er ein: »sehen Sie, *das* hat uns allen der neunte November [= Ende deutscher Monarchien] und die Periode der unhaltbaren Republik beigebracht, an *das* erinnern wir uns heute mit einigem Stolz: Die deutschen Freiheitskämpfer verstehen heute ihr Metier und vor allem haben sie ein festes, klares Bild von dem, was nach dem Sturz der Hitler-Tyrannei kommen wird. Diese Gewißheit ist ihre Stärke [...] die Emigration ist für Menschen, die mithelfen wollen, ein befreites Deutschland herbeizuführen, eine ungemein wertvolle Schule. [...] Ich meine die Emigration, die das Exil nur als Zwischenstation betrachtet. Die Menschen [...] wählen die Emigration nur als zeitweilige Lebensform [...] Hier [= USA] ist – aus einer jahrhundertelangen Emigration – schließlich doch etwas Einheitliches und noch dazu etwas viel Weltweiteres geworden als in Staaten, wo man immer noch glaubt, es komme nur darauf an, sich nationsmäßig eng abzugrenzen.« Dabei rechnete er sich nicht nur in der Vorkriegszeit zu »*jener* wirklichen Emigration [...] zur politisch kämpferischen nämlich«. 1942 schreibt er im Brief an Kurt Kersten: »Jedenfalls ist das eine gute Zeit, man muss sich bewähren als das, was man ist.« Und er setzt sich ab von »der ach so sonderlich verstaubten Emigration [...] es bilden sich immer neue Gruppen, es werden immer mal wieder Proteste auf Versammlungen losgelassen gegen Hitlerismus, und dann – bildet sich wieder eine neue Gruppe, die dasselbe tut.«

Besonders das Ende der GAWA als Hilfsorganisation frustrierte Graf, weil Solidarität mit anderen Exilanten unmöglich war; man hatte ihn selbst als Teil der »Kommunistenfront in

New York« denunziert und diffamiert, als er sich »einer kleinen Arbeitsgemeinschaft freier deutscher Antinazi-Schriftsteller« anschloss, der *Tribüne*, die den »Grundstock für die exilierte deutsche Literatur in New York schaffen« sollte (Brief an Kersten im Januar 1943) und deren Initiatoren später den Aurora-Verlag gründeten.

In einer erst spät veröffentlichten Rede spricht Graf von »vielen Vortragsreisen in den Jahren 1938 und 1940 durch den Osten und Mittelwesten«. Er war als Vortragender gefragt, und blieb es auch weiterhin. Am 26. Februar 1944 hielt er in Chicago den Vortrag *Das Deutsche Volk und Hitlers Krieg*. An Auftritte vor den deutschen Kriegsgefangenen 1943 in Camp Ellis und 1944 in Fort Kearney erinnert sich Walter Kolbenhoff: »Viele interessante Professoren« hielten Vorträge in »›gehobener Demokratie-Lehre‹«, schreibt er. Graf scheint über seine Reisen nicht Buch geführt zu haben, nur selten hat er sie brieflich erwähnt.

Während der Kriegsjahre saß er auf drei unveröffentlichten Romanen, er hatte unermüdlich, ganz ohne »Vorgedanken an eine Veröffentlichung« geschrieben, weil er die für »schädlich für das Künstlerische« hielt, wie er Kersten im September 1944 schreibt: *Er nannte sich Banscho*, *In der Sackgasse* (später: *Flucht ins Mittelmäßige*) und *Unruhe um einen Friedfertigen*. Wenn er für Zeitungen und Zeitschriften schrieb und Vorträge hielt, wusste er, dass es dafür »sowieso kein Honorar« geben wird.

Für seinen Lebensunterhalt kommt in dieser Zeit seine Frau Mirjam auf. Sie übersetzt und arbeitet für die Exil-Wochenzeitung *Aufbau,* die unter ihrem Stiefbruder, dem Redakteur Manfred George, zunehmend an Bedeutung gewinnt. Thomas Mann, Albert Einstein und alle wichtigen Exilanten schrieben dafür. *Der Aufbau* bot den »letzten publizistischen Sammelpunkt für die Verfolgten und Gepeinigten«, so Will Schaber. Graf selbst gab ab 1939 die meisten seiner politischen Beiträge an diese Zeitschrift; ein besonders wichtiger gilt dem Antisemitismus: *Die Juden stehen nicht allein.* Immer wieder auch anekdotisch erzählend setzt er sich mit »dem Rassediktat Hitlers […]: Hier Jude, hier Arier!« auseinander und warnt davor, dass »wir auf einmal – diktiert vom Nazismus – von etwas Jüdischem und etwas Arischem reden«.

Allerdings ging ihm das »Zusammengehörigkeitsbewußtsein aller freiheitlichen Deutschen« verloren, das er in der *Rede an die Schriftsteller* im Oktober 1938 auf der Basis des verbindenden »ungeheuren Heimwehs« beschwor: »Die ganze Emigration, insbesondere die unserer sogenannten Schriftstellerkollegen ist mir hoch zuwider, ich hasse sie nachgerade [...] Ich gehe nurmehr mit Menschen um, die ganz weit ab sind von aller Literatur und Politik«, schreibt er an Kersten im Mai 1943; auch von »Zeiten der Leere« spricht er, in denen er »ganz wahllos« liest. Diesen depressiven Tönen stehen Bemühungen entgegen, den Aurora-Verlag zu gründen und dort zwei seiner Bücher zu veröffentlichten. Da jedoch in eben diesem Jahr das FBI bei ihm eine Hausdurchsuchung durchgeführt hatte und kollegiale Denunziationen die mögliche Anstellung als Deutschlehrer an einer Universität verhinderten, blieb seine Stimmung bedrückt.

Dem möglichen Eindruck, er habe sich einfach nirgendwo anschließen wollen, widerspricht Theodor W. Adorno in einem Dictum zur Exilsituation: »Jeder Intellektuelle in der Emigration, ohne alle Ausnahme, ist beschädigt.« Grafs späte Reaktion erscheint als typisch: »Die Isolierung wird um so schlimmer, je mehr feste und politisch kontrollierte Gruppen sich formieren, mißtrauisch gegen die Zugehörigen, feindselig gegen die abgestempelten anderen.«

Der Brief von April 1947 an den (nicht verwandten) KPD-, später SPD-Politiker Otto Graf beschreibt seinen Alltag: »Sagen kann ich dir nur, daß wir mit dem Gehalte meiner Frau (ich verdiene immer nur sehr sporadisch) ganz passabel auskommen, es bleibt uns jede Woche sogar Geld übrig. Allerdings – wir gehen in kein Kino, wir leben wie immer, wir gehen nie aus, wir wandern höchstenfalls an Sonntagen vier bis sechs Stunden mit dem Brotbeutel, und ein einziges Mal in der Woche geh ich zum Stammtisch, wo wir ja die ganze ›Hilfe‹ [weit über 100 Care-Paketsendungen an deutsche Freunde] organisiert haben, – da sauf ich mir einen an und gib oft mehr Geld aus, das heißt oft drei und vier Dollars [für deutsche Verhältnisse ein Vermögen]. Dazu ist New York für mich ja immer das Vorbild einer (einstens!) friedlichen Welt, wo fast alle Völkerschaften nebeneinanderleben, […] wo es zugeht, als wär man ›daheim‹. Das ist schön und Anlass zum Optimismus! Anfangs als wir herkamen, da holten uns snobistische Amerikaner und reiche Refugees zu sogenannten ›Partys‹, aber das verliert sich bald, insonderheit, wenn man nicht mehr hingeht wie ich. Oder wenn man so unmöglich säuft wie ich und alle diese Affen absichtlich abschreckt.« Trotz mancher deutscher Wiedergutmachungszahlungen für materielle und ideelle Verluste führt das Ehepaar Graf – nach einseitiger Scheidung von Karoline Bretting haben sie am 2. Oktober 1944 geheiratet – ein sehr beschränktes gleichförmiges Leben.

Nach Mirjams Tod 1959 war Graf seit Juni 1962 mit Dr. Gisela Blauner verheiratet. Auch in dieser dritten Ehe konnte er sich anlässlich eines Besuchs bei Feuchtwangers nur ein schäbiges Motel leisten.

DER STAMMTISCH

Ab 1943 findet Graf bei dem von ihm gegründeten Stammtisch in »German Town« eine lebenslang lebenswichtige soziale Basis: »Im übrigen ist das Bier sehr gut hier, es findet sich auch hin und wieder eine nette Gesellschaft in einer netten Kneipe zusammen und dann ists fast wieder wie weiland in Prag«, schließt er Anfang 1943 den oben zitierten Brief an Kersten. Einen guten Eindruck vermittelt der aus Brünner Zeit befreundete Autor Will Schaber. Zwei Jahre nach Grafs Tod schreibt er im *Aufbau*: »Eine Stimme fehlt. Die Stimme, die in der Vergangenheit die Runde beherrscht hatte, eine Stimme, die dröhnend lachen, die singen und donnerwettern, die foppen und hänseln, scharf argumentieren und die herzlichsten Sympathie-Erklärungen machen konnte. Die Stimme des Dichters Oskar Maria Graf, für den der ›Stammtisch‹ ein essentieller Teil seines Lebens geworden war. […] Er war menschen-, erlebnis- und anekdotenhungrig. Der Stammtisch wurde […] Speicher von Ideen, Echo, Prüfungsort für neue Gedanken und Ort

Eine von Grafs Stammkneipen in New York, »Joe King's Rathskeller«, um 1940

freier, glücklicher und unbeschwerter Unterhaltung [...] Es war Schwabing in New York. [...] In später Stunde, wenn die Runde in beschwingter Stimmung war, erlebte sie oft ein besonderes Glück. Oskar Maria Graf rezitierte. Manchmal witzelte er [...]; aber an anderen Tagen sprach er ernste Lyrik, vital und mit unnachahmlicher bildlicher Kraft. [...] Hier kam der ›andere‹ Graf zum Durchbruch, der zärtliche, sehnsüchtige und unendlich humane Mensch, der noch stärker war als der Bacchant, den viele in ihm nur sahen.« Damit kann wohl der Eindruck jenes Fotos (s. S. 112) korrigiert werden, auf dem Graf den engen Brecht mit hochgestemmtem Bierkrug als Oktoberfest-Bacchant dominiert: Es gehört zu den Selbstinszenierungen.

Er selbst definierte sich knapp vor dem 50. Geburtstag mit zunehmend reduzierten Ansprüchen als »sozusagen Zwischenmensch«: »zu alt, zu reif, zu skeptisch und ungläubig wie unsere ganze Generation, um das Neue auch nur vorstellbar zu ahnen!« (an Fischers 18. Mai 1943). Gegen diese Selbsteinschätzung sprechen die am Stammtisch erfahrenen Freuden: Hier traf er Mitte der 50er-Jahre auf Lisa Hoffman, eine höchst attraktive Exilantin. Sie arbeitete als Journalistin in New York. In ihrer Autobiografie »Fräulein Hoffmanns Erzählungen«

Graf inszeniert den »bajuwarischen Dominanz-Modus« am New Yorker Autochthonen-Stammtisch mit Bert Brecht, 1943

(2009) versteht sie sich als »Frau, Geliebte und Mätresse« und erinnert sich an die »seltsame Affäre« mit dem »großen Intellektuellen«, dem es »durch seine Lust auf mich den Atem« verschlug. Die Beziehung währte nur kurz, mit ihrer beider Foto gedenkt sie seiner auf nur eineinhalb Seiten in einer Reihe vieler Verhältnisse. Graf nannte sie mit Anklang an ein Heine-Gedicht »Prinzessin Ilse« und himmelte sie in Gedichten und Briefen an. Fast alle seine Bücher bis in die 60er-Jahre besaß sie mit Widmungen, seine Gedichte hatte er für sie in rotes Leder mit Goldprägung binden lassen. Wie andere Stammtischbekannte verewigte er sie in *Flucht ins Mittelmäßige* als Bärbele, die Geliebte Lings und Tochter seiner Wirtsleute, die bei einem Autounfall ums Leben kommt. In ihrem Exemplar des Buches, gewidmet »in alter Anhänglichkeit«, liegt ein Zettel mit allen Seitenzahlen, die von Lings Affären handeln.

Der Stammtisch wechselte vielfach die Lokale und bestand zuletzt in der Privatwohnung der Glückseligs als Anlaufstation, Diskussionsforum und Sammelbecken für Touristen und Einheimische über 2010 hinaus. Er war aber weit mehr als nur eine touristische Attraktion.

KRIEGSENDE UND KRIEGSSCHULDFRAGE

Mit dem Kriegsende erhob sich für Sieger wie Besiegte die Frage nach dem Umgang mit der Schuld NS-Deutschlands. Für die Exilanten stellte sie sich mit besonderer Brisanz. Unter dem Schutz der mächtigsten Siegermacht waren patriotische Aktionen ausgeschlossen. Wegen ihrer aus Weimarer Zeiten geretteten linken Orientierung waren sie im US-Exil fremd geblieben und wurden ja auch vom FBI observiert. Weil zwischen den Siegermächten zunehmend Fronten entstanden, fielen sie in eine Art politisches Vakuum.

Für Graf bezeugt die erst spät bekannt gewordene Korrespondenz mit Max und Rosmina Radler, Münchner Freunden, wie sehr er sich schon ganz früh um die Heimkehr bemühte, sich einmal schon vorsorglich für eine Ausreise hatte impfen lassen, seine Habe verpackte und nach Wohnungen in München fragte. Doch jeder Ansatz scheiterte an der Frage des Re-Enter-Permit, das dem Staatenlosen die Rückkehr in die USA, die er sich um Mirjams willen offenhalten wollte, garantiert hätte.

Aufgrund seiner Kenntnis der in Deutschland aktiven Widerstandsgruppen widersetzte er sich einer pauschalen Verurteilung und verteidigte das deutsche Volk gegen die Subsumtion unter die NS-Nation; er differenziert zwischen Volk und Staat. Das Volk müsse wieder »den Glauben an uns gewinnen«, darin sah er die Aufgabe »für uns Intellektuelle« (an Prinz von Löwenstein Februar 1946). Bei diesem ›seinem‹ Thema nimmt er es selbst mit dem sonst so verehrten Thomas Mann auf. Der hielt Einreden der Exilanten für »patriotische Versuche, Deutschland vor den Folgen seiner Untaten zu schützen«. Graf dagegen: Man dürfe nicht »jeden aufrichtig antifaschistischen Deutschen zum Helfer oder Agenten des deutschen Generalstabs« machen. Einen einschlägigen Text zu Manns international gefeiertem 70. Geburtstag am 6. Juni 1945 ließen die Veranstalter der New Yorker Feier in Gegenwart des Jubilars nicht vorlesen; Graf sandte ihn dann Ende des Monats dennoch Mann zu. Die Erklärung »›Vaterland‹ war für mich seit jeher ein Lesebuch-Schlagwort ohne greifbaren Inhalt« ergänzt sein

›fast einfältiges und hartnäckiges Bekenntnis zum Volk‹. »Sie und der überwiegende Teil jener geistigen europäischen Generation, der Sie angehören, hat dieses Volk nie gekannt und es im tiefsten stets abgelehnt. Diese Generation entschied sich für Nietzsche – aber nicht für Tolstoi«, antwortete er Thomas Mann. Liest man Manns Tagebucheintrag vom 5. Mai 1945 – »Es sind aber rund eine Million, die ausgemerzt [eine typische NS-Vokabel!] werden müßten« –, so fällt einem fast automatisch »Kollektivschuld« ein; in seiner Pauschalität muss dieser Begriff Graf absurd erschienen sein.

BANSCHO – EROBERUNG – FLUCHT

Drei sehr unterschiedliche Bücher lassen seine damalige Situation erahnen. Sie gehören zu den am wenigsten bekannten Werken Grafs. Einem angemessenen historischen Verstehen des Romans *Er nannte sich Banscho* widersetzen sich dabei die Daten: Wie soll man ein vor 1945 abgeschlossenes, während der 50er-Jahre aufgeschobenes und erst 1964 in der DDR (mit Ausfuhrverbot in die BRD) aufgelegtes Buch literarisch einordnen, das weitere 20 Jahre warten musste, bis es 1982 in der BRD – dort zunächst nur für Mitglieder der *Büchergilde Gutenberg* und erst zum 100. Geburtstag Grafs 1994 für alle Buchhandlungen – erscheint? 50 Jahre waren seit seiner Abfassung vergangen! Ihm fehlte die Resonanz, auf die Autor wie Publikum angewiesen sind.

Das Buch schildert zwar auch die von Graf miterlebte oberbayrisch-dörfliche Geschichte bis zum Anbruch des Dritten Reiches, aber diesmal komplementär erzählt. Mit Eulenspiegelartigen Einfällen pflanzt der Titelheld den Bauern zunehmenden Widerstandsgeist ein, bei Kindern beginnend und später auch bei Erwachsenen erfolgreich: Banschos Geist der Freiheit steckt an. Die Bauern protestieren gegen die SA-Trupps, sie werden aber in einem furiosen Schluss zusammengeschlagen und auf Lastwägen abtransportiert: »Stumm, scheu, geduckt [...] schauten sie zu den Lastwagen empor [...] Was da oben stand in elendsgelähmter Verzweiflung – vom [...] Hauptlehrer und Bauern bis zum kleinsten Knecht, von den zerrauften, geschundenen Bäuerinnen bis zum weinenden Mädchen – das waren doch ihres gleichen? Leute wie überall, *das Volk* [Hervorhebung U. D.]!« Nur Banscho überlebt und wird zur unsterblichen Märchengestalt: »Der Banscho war verschwunden, wie die Freiheit allüberall [...] Er ist nirgendwo und überall. Er ist eine legendäre Figur.«

Der Autor selbst verstand *Banscho* als »Kinderroman«, den er mit »Lust« und zum »Ausruhen« schrieb (an die Karschs im Januar 1942). Er imaginiert eine Figur, die über die Zeit der NS-Herrschaft hinweg die Erinnerung an die in idealer Freiheit erlebte Jugend wahrt. Viele in den Text eingelassene Naturschilderungen erhöhen die Lesefreude: »der Nebel war bereits gestiegen, und die frische Winterhelligkeit bleichte auf.« Es verwundert, dass Vorleser sich nur selten diesem Werk widmen. Man liest *Banscho* als ein Zeitzeugnis des Exils immer noch mit Gewinn.

Die Eroberung der Welt / Die Erben des Untergangs nimmt im Exilwerk eine Sonderstellung ein. Es entspricht dem Vorausdenken der Exilanten, über das Kriegsende hinaus zu planen; aber Graf entwirft eine phantastische Vision für die zukünftige Menschheit, wie sie erst nach einem Atomkrieg existieren könnte. Der erste Satz der danach geltenden Weltverfassung beschließt das Buch mit Fanfarenton: »›Der Mensch ist frei, und sein Feld ist die Welt!‹«

Aufschlussreich hinsichtlich der biografischen Situation sind die Paratexte, zunächst der Wechsel der Titel: *Die Eroberung der Welt*, 1949 im Münchner Desch-Verlag vorgelegt, heißt 1959 *Die Erben des Untergangs*; vom Pathos zukünftiger Welt-Eroberung bleibt ein Jahrzehnt später nur die Erblast der untergegangenen Welt übrig, obwohl Graf kaum in den Text eingegriffen hat. Beide Ausgaben eröffnet ein Brief Albert Einsteins, aber die zweite rahmen darüber hinaus aufwendige Zusätze: am Anfang die *Kleine, notwendige Vorbemerkung* und am Schluss eine *Beiläufige Lebensgeschichte Oskar Maria Grafs* samt seitenlanger Liste seiner Bücher und lobender Stimmen aus Literaturgeschichten und von Autorenkollegen. So viel Eigenwerbung verblüfft, gäbe es nicht die zuverlässig überlieferte Anekdote über eine Begegnung Grafs mit Hans Werner Richter, dem späteren Haupt der »Gruppe 47«, in Camp Ellis 1943. Auf Grafs Befürchtung, man werde ihn »umlegen«, sollte er nach Deutschland zurückkommen, antwortete Richter: »Schlimmer, viel schlimmer, niemand wird wissen, wer Sie sind.« Das war eine Prognose, gegen die sich sein Werk in der BRD erst nach 1960 durchsetzen konnte.

In der DDR waren bis dahin *Unruhe* in mehreren Auflagen, 1951 das *Mutter*-Buch, eine neue Sammlung *Kalendergeschichten*, zwei *Bolwieser*-Ausgaben, Gedichte und weitere Titel erschienen. Gegenüber einem DDR-Verleger klagte Graf über »das sehr beabsichtigte Totschweigen im Westen«. Dort hatte nur der Weismann-Verlag *Bolwieser* und das unvermeidliche *Dekameron* herausgebracht.

So wie *Der Abgrund* aktuell und zeitnah am Beginn des Exils entstanden war, schrieb er zeitnah zu dessen Ende *DIE FLUCHT INS MITTELMÄSSIGE* als Zeugnis eines Aus-der-Zeit-Fallens der Exilanten: Nach 1945 können sie nirgends mehr anknüpfen, sie waren für ihn auch nicht mehr im Exil, sondern in einer positiv verstandenen Diaspora: »Wir sind Diaspora, das Salz der Erde«, zitiert ihn Will Schaber. Im Roman mündet diese jedoch fatalistisch in die Mittelmäßigkeit.

Mit dem Untertitel *Ein New Yorker Roman* blieb *Die Flucht* ebenso einsam in der literarischen Landschaft wie der einst angefeindete *Abgrund*; nach Gerhard Bauers Urteil ist es »sein trostlosestes Buch«; der Exilforschung gilt es heute als eine selten ergiebige Quelle. »Mein Roman quält mich ungeheuer«, schrieb er noch in der letzten Entstehungsphase. Seit 1953 arbeitete er an »dies[em] traurige[n] Buch, das viel von mir erzählt« – so widmete er es »den lieben Freunden Else und Gustav Fischer«. Vier- bis fünfmal schrieb er es um, mal unter dem Titel *Der mißlungene Roman*, mal *Das große Geschwätz*. Eingebettet in private Zwiste, erotische Verwicklungen und eine Vielzahl von Diskussionen entwickelt sich die Geschichte von Ling, einer Art (Selbst-)Porträt Grafs und seines Freundeskreises, aus dem ihm einige für seine Figuren Modell stehen, weswegen er den Text nicht wie üblich durch Vorlesen erproben konnte.

Im Zentrum steht die Frage »Wohin denn heim?« Das Deutschland, über dessen Zukunft sie in der Hoffnung auf Mitwirken bis 1945 diskutierten, für das sie geplant hatten, zerfällt in eine »von Amerika gestützte westdeutsche Bundesrepublik und eine von Moskau aus kontrollierte kommunistische Ostrepublik«. Ling, der Älteste des Kreises, konstatiert: »*Daheim* will ein Mensch sein! Nicht Heimat braucht er! Heimat ist auch nur ein weitläufiger, abstrakter Begriff aus Landschaft und Kindheitserinnerungen, auch nur ein hingeschwätztes Wort!« Zwar kehrt er zurück nach Deutschland, doch »[d]as geschah nicht etwa aus einem vagen Heimweh, es war nur eine wirre planlose Flucht in eine neue Diaspora.« Obwohl Ling – wie Graf selbst auch – Bruder und Tochter in Bayern hat, geht er nach Hamburg, »weil diese Stadt ihn noch am ehesten an New York erinnerte«. Dort fanden Muttersprache und das Exil-Gefühl zusammen.

Mit der Geschichte seines ›Stellvertreters‹ Ling begräbt Graf seine in die Literatur gesetzte Hoffnung: Ling verwendet sein Erzähltalent nur mehr geschäftlich. Der Optimismus früherer Bücher ist aufgebraucht und die Erinnerung ans Exil bestimmt die Wahl eines ›Daheim‹, das nicht Bayern heißt.

9 Vom Exil in die Diaspora

DIE DÜSTERSTEN JAHRE

Gerhard Bauer stellt das Jahrzehnt 1949 bis 1959 unter zwei Fragen: »Wofür schreiben? Wozu noch leben?« und zitiert einen Brief vom Dezember 1954: »Es ist dasselbe, was mich zeitweise immer wieder als peinigende Melancholie gleichsam aus dem Normalen ausschaltet! Und man sieht ohnmächtig, wie das schauerlich heranrollt und begreift nicht, wie alle Menschen so ruhig, so gleichgültig dem entgegenleben können. Hab ichs denn nicht in meiner *Eroberung der Welt* halbwegs deutlich gemacht, was uns erwartet? Aber, immer beklemmender seh' ichs ein: *Das Wort hat nicht mehr die elementare Kraft* [Hervorhebung U. D.], nur das einsame, verbissene menschliche Beispiel wirkt wenigstens noch auf einen ganz kleinen Kreis.« Dabei schwingt die Erinnerung an den Appell *Verbrennt mich!* mit. Einmal hatte ihn doch die Welt gehört!

Zur verbreiteten Enttäuschung der Exilanten darüber, dass Nachkriegsdeutschland ihre Vorstellungen für ein neues Deutschland ignorierte, kamen in dieser Zeit private Sorgen: Er selbst klagte immer wieder über Ischias- und Asthma-Anfälle und das Rauchverbot. Noch weit entscheidender: Seine Frau Mirjam, »der gute Engel über meinem unruhigen Leben«, erkrankte Anfang 1955. Das Geld für die Operationen aufzutreiben, machte ihm unendliche Mühen.

Graf schrieb viele Briefe in dieser Zeit: Zu seinem 60. Geburtstag waren frühere Kontakte aufgelebt. Um seine »Manuskripte an den Mann zu bringen«, unternahm er jedoch »fast nichts«, wie er im August 1954 an Hanns Arens, einen Münchner Bekannten, schreibt: »Manchmal gehe ich gelassen und nicht im mindesten resigniert an meinen vollen Manuskriptschrank und ziehe so eine Sache raus, und dann lese ich sogar etliches davon und freue mich leicht. Das ist genug.« Ähnlichem Selbsttrost entspricht die *Kleine Lebensübersicht,* die er der DDR-*Sittinger*-Ausgabe von 1951 angefügt hatte: »Natürlich habe ich sehr viel für die Schublade geschrieben in all diesen Jahren, denn man will ja nicht aus der Übung kommen, und mein Vater selig hat immer gesagt: ›Sachen, die nicht verderben, setzen sich früher oder später alle ab. Gut ist's, wenn man bei solchen Gelegenheiten genug davon hat.‹«

Im Brief an Ernst Lissner von September 1957 tröstete er sich auch noch über seine Unlust, das, was er für sich schreibt, zu verschicken; er erwartete, es »müßte noch einige Zeit vergehen, bis man in Deutschland wieder zu sich kommt [...] Momentan stürzt man sich [...] auf alles, was im Ausland im Schwang ist und versuchts nachzumachen«.

Einen bald danach eintretenden Stimmungsaufschwung – sieht man von den heftigen Belastungen durch Mirjams Krankheit ab – und neue Perspektiven für sein Schreiben brachten ihm die schon nicht mehr erwartete Einbürgerung in die USA und die damit möglichen Deutschlandreisen. Über die Zeremonie der Einbürgerung Anfang 1958 vermittelt sein amüsantes an Feuchtwanger gerichtetes Protokoll den Eindruck, wie sehr er der Reibung als öffentliche Person bedurfte, ja, dass erst die oft »aus reiner Lust« betriebene Provokation ihm Motivation und Daseinsberechtigung lieferte: Weil er auf seinem Pazifismus beharrt hatte, nahm die Behörde eine zur Landesverteidigung verpflichtende Passage aus der Eidesformel heraus, und das nur für ihn persönlich. Nach 250 Einzubürgernden, die den vollen Text schworen, dauerte sein Eid nur drei Minuten: »Das war fast drollig.« Er verstand kein Wort – »zum Schluss sagte ich nur ›Thank you‹«. Aber »sofort [holte er] den amerikanischen Reisepaß«; nicht mehr »zwischen Landesgrenzen eingesperrt« zu sein war ihm eine Erlösung.

Zu der nun möglichen Heimat-Reise kam als besonderer Reiz, dass er dank der Bemühungen von Hugo Hartung seit 1956 Mitglied der Westberliner Akademie der Künste war. An der Grundsteinlegung für deren neues Gebäude nahm er Ende August 1958 teil. Dortige »Studenten- und Gewerkschaftsklubs«, die ihn einluden, zeigten sich »durchaus für mein Schaffen empfänglich«.

Der vorangegangene München-Besuch verlief hingegen unerfreulich: Dort war er am 22. August bei den 800-Jahr-Feierlichkeiten der Stadt im restaurierten Rokokotheater aufgetre-

Der leidenschaftliche Raucher Graf in einer Porträtserie von Eric Schaal, München 1960

ten, nachträglich eingerückt in die Reihe internationaler Dichterlesungen. Weil er sich in Bayern als »Heimatdichter« abgetan fühlte, wollte er es »ihnen demnach auch lederhosenmäßig demonstrieren und vorlesungsmäßig verderben. Das macht mir ja auch wieder Spaß«. Erich Kästner hatte die Moderation des Abends abgesagt, das Theater war nur halbvoll, Grafs Kostüm löste Befremdung bis Empörung aus: »Es war sehr lustig für mich.« Seine Lust an der Provokation war wieder erwacht: »Die Herren Autoren dort hab ich gründlich kennen gelernt – lauter kriechende Betbrüder und gewesene Nazis […] nie möchte ich nach Deutschland«, schrieb er voll Groll noch im Februar 1959.

Ein halbes Jahr später berichtete er in einem bisher unveröffentlichten Brief aus dem Besitz der OMG-Gesellschaft an Anni Kemmeter, geb. Olschewski, einzige Überlebende einer früher in der *Roten Hilfe* tätigen Familie: Angesichts von deren Schicksal merke er, »wie beklommen ich dabei werde. Und da kamen mir in Muenchen die ›froehlichen Kollegen‹ entgegen und streckten mir ihre sauberen Haende hin, als waer nie was gewesen. Ich wusste zu genau Bescheid und sagte nur jeweils ohne die Haende zu druecken: ›Einen Moment, wo waren wir denn beim Hitler, Herr?‹ Das hat sie verschnupft, die feinen Herrn.«

Irritierend, aber auch als ein Zeichen seiner realistischen Empörungslust erscheint mir, dass er erst nach der US-Einbürgerung darüber klagt, dass »Deutschland es nie für nötig gehalten [hat,] uns bekannten Emigranten ohne weiteres die Staatsbürgerschaft wieder zu geben« (an den Greifen-Verleger).

Seine erste Wiederbegegnung mit Europa, die über vier Monate dauerte, führte ihn während der Tage in München ins KZ Dachau und zu »alten KZ-Freunden«, außerdem nach Stuttgart, Frankfurt, Baden-Baden und Wien, wo der Rundfunk jeweils Lesungen seiner *Kalendergeschichten* aufnahm. In der Schweiz besuchte er Thomas Manns Witwe und dessen Grab in Zürich, dazu Hermann Hesse in Montagnola. »Berlin hat mir am besten gefallen – alles andre Westdeutsche ist satt, arrogant und von einer literarischen und politischen Frechheit, die ankotzt. München hasse ich geradezu schon.«

Die Enttäuschung hielt lange an. Zwar ergaben sich einige Kontakte zu BRD-Verlegern: Der Nest-Verlag brachte 1959–61 vier Neuauflagen (*Flucht, Erben, An manchen Tagen* und zuletzt *Altmodische Gedichte*); im Desch-Verlag erschienen 1962 *Bauernspiegel* und 1966 *Gelächter*. Dennoch blieb er während der 60er-Jahre in der BRD – ebenso wie Brecht nach dem Mauerbau – am Rande. Bei seiner vorletzten Deutschland-Reise, 1964, ernannte man ihn in der DDR auch noch zum korrespondierenden Mitglied der Akademie der Künste, was ihn zusätzlich der BRD entfremdete.

In Bayern fühlte er sich auch noch 1966 »wie auf ein stilles Übereinkommen bei vielen Buchhändlern boykottiert und auch sonst totgeschwiegen, soweit es nicht bayrische Bauernbücher sind. Man will mich auf Grund meines *Bayrischen Dekameron* durchaus als Nachfolger Thomas sehen«, wie er im Dezember 1966 an Robert Minder schreibt. Dass er damals mit jungen Leuten Kontakt aufnahm, spiegelt seine Korrespondenz: Schon während der 50er-Jahre war er ausführlich auf Briefe des jungen, noch im Büro tätigen Lyrikers Wulf Kirsten (*1934) eingegangen; in den 60ern korrespondierte er mit dem späteren Politiker Gustav Starzmann und mit dem Schriftsteller Bernward Vesper, damals mit Gudrun Ensslin zusammen.

Älteren Freunden dagegen sagte er die Freundschaft auf: »Mann, Wieland, haben wir denn deswegen gegen Hitler gestanden und dessen Verhimmelung durch seine üblen Trabanten stets gebrandmarkt, um nur genau dasselbe unter Ulbricht zu betreiben?! Beim Lesen Deines ›Glückwunsches‹ [der DDR-Staatsrats-Chef war 70 geworden] wurde mir speiübel, und Du wirst begreifen, daß damit unsere alte Kameradschaft aufgehört hat.« Wieland Herzfelde, der Adressat, war der Malik-Verleger, der 1922 *Frühzeit* angeregt und auch verlegt hatte, der in Prag sein Gastgeber war und in New York den Aurora-Verlag leitete. In Fragen geistiger Unabhängigkeit besaß Graf eine erstaunliche – oder erschreckende? – Unnachgiebigkeit.

RÜCKBESINNUNG UND ERZÄHLSAMMLUNGEN – *GEDICHTE – GELÄCHTER*

Ein Anstoß für Graf zum Sammeln ging von den Professoren aus, die ihm 1960 den Ehrendoktor – auch für seine Beiträge zur Literaturgeschichte – verliehen: In *AN MANCHEN TAGEN* (1961) stellte er neben seine reichen Erinnerungen und Betrachtungen über Thomas Mann, Hesse, Thoma, Rilke und Karl Valentin auch Aufsätze über den bayrischen Humor und Dialekt. Mit dem scheinbar so beiläufigen Titel des Buches verbindet sich ein Programm; eine fast altersweise, bewusste Absage an höhere ›Ansprüche‹ deutet sich an, wenn er ganz beiläufig statt von »Geistigen« von den »Einsichtigen« als der Gruppe redet, der er sich zuordnet. So in seiner Demokratie-Definition: »Demokratie aber, so wenigstens definieren sie die Einsichtigen, ist Bewahrerin der Kultur [...] ist Erweckung und Steigerung der Empfindlichkeit für das Humane in jedem einzelnen«. An die Stelle bildungsbürgerlicher Exklusivität tritt ein universaler, auf Empathie und Vernunft gründender Begriff.

Den *BAUERNSPIEGEL* und andere Erzählsammlungen hatte er schon früher geplant, aber erst spät realisiert. ›In der Leere der Welt‹ nach dem Tod Thomas Manns und Albert Einsteins nimmt er sich seine Erzählungen wieder vor, »zur nützlicheren Handarbeit reichts nicht mehr« (an Lina Haag 1956). Aber diese negative Selbsteinschätzung währt nicht lange: Die Qualität der Texte, so lange sie auch zurückliegen, setzte sich durch. »Aufmunternd« wirkte für ihn die Anerkennung, die Robert Minder ihm entgegenbrachte. »Da kein Mensch dieses mir liebe Buch [die *Kalendergeschichten* sind gemeint] zu kennen scheint und alle Verleger bis jetzt keine Lust zeigen, es neu herauszubringen«, freute ihn der fachmännische Zuspruch. Leider haben, was er ›fürs Volk‹ geschrieben haben wollte, zunächst Kollegen und Spezialisten anerkannt. Bert Brecht hat 1949 die von Graf erneuerte Gattung mit einer eigenen Sammlung fortgesetzt.

Von den Sammlungen, mit denen er sich weiterhin beschäftigte, erschienen nur zwei noch zu Lebzeiten: Zur ersten, *Ka-*

lendergeschichten im Greifen-Verlag 1957, bemerkt er, es sei ihm ein »sehr liebes Buch«. Die zweite, *Der große Bauernspiegel* beim Desch-Verlag 1962, enthielt Erzählungen aus *Lesebücherl* (1924) und *Finsternis* (1926), aus Wiener Zeitungen und wenige *Kalendergeschichten vom Land*. Der Klappentext reduziert Graf allerdings als »Landsmann von Ludwig Thoma, Lena Christ und Siegfried Sommer«, auf »Heimatdichter«!

Die posthum vorgelegten *Kalendergeschichten* und *Jedermanns Geschichten* folgten Grafs Wunsch nach neuer Titelei: Die *Jedermanns Geschichten* sollten »deutlich« zeigen, »daß ich nicht nur ein bayrischer Bauernerzähler bin«. Er war einverstanden, sie – anders als die für »jetzt« gedachten *Kalendergeschichten* – auch später herauszugeben, »und sei's auch, daß ich darüber ins Gras beißen muß« (an Kurt Desch). In zwei schon 1962 und 1964 datierten Vorworten hatte er mit Selbstbescheidung vermerkt, dass die Sammlung die »heute Zwanzig- und Dreißigjährigen [...] kaum interessieren« dürfte, er wolle aber ja auch »nichts anderes als effektvoll unterhalten«.

Von den erst 1975 und 1988 in der Werk-Ausgabe des Süddeutschen Verlages vorliegenden Bänden halten die stärker überarbeiteten Texte – etwa ein Viertel von allen – den Vergleich mit den kompakt und plastisch erzählten Erstfassungen nicht immer aus: Leseranreden fallen weg, ebenso werden prägnante Schlüsse geopfert: »Recht und Gesetz haben zwei Seiten« am Schluss der *Handwerksburschen* entfällt; in *Aderlassen* kommentiert der Erzähler ein die Planung des Täters völlig verkennendes Gerichtsurteil: »So saudumm *sind die* Richter – « und individualisiert später ins Präteritum zu »So saudumm *war der* Richter« [Hervorhebungen U. D.]. Die zugespitzt-verallgemeinernde Provokation entfällt. Manche aus den 20er-Jahren in die NS-Zeit verlegte Episode wirkt bemüht. Dem Leser empfohlen seien deswegen Erstfassungen!

Zwei kleinere Sammlungen – *größtenteils schimpflich* (1962) und *Bayrisches Lesebücherl* (1966) – recyceln gängige Bayern-Klischees, gegen die der Autor bei Letzterem – wegen grober Thöny-Illustrationen – selbst noch protestierte (an den Fackelträger-Verlag). Bei Ersterem, auf *Dorfbanditen* (1932) basie-

Oskar Maria Graf, fotografiert von Fritz Eschen anlässlich seiner Aufnahme in die Deutsche Akademie der Künste (DDR-Berlin), 1964

rend, belegt der Untertitel *Von Halbstarken*, wie entfremdet der Exil-Autor aktuellen Begriffen war: Als ›Halbstarke‹ galten krawallierende urbane Jugendliche, konkurrierende Jugendbanden, die mit ihren ›Maschinen‹ viel Lärm in der Stadt machten. Der vor allem durch die Presse transportierte Begriff hat nichts mit ›Dorfbanditen‹ zu tun.

Gedichte, der am wenigsten bekannte Teil seines Werks, rahmen Grafs Schaffen: Mit zwei expressionistischen Bändchen debütierte er vor 1920; zum 60. Geburtstag 1954 erschien der Zyklus *Der ewige Kalender*, ein aufwendig illustrierter Privatdruck, und fünf Jahre vor seinem Tod, wie ein Vermächtnis, die anonym veröffentlichte Sammlung *Altmodische Gedichte*. In der Zwischenzeit hatte er vier nur im Nachlass erhaltene Sammlungen zusammengestellt, eine schon an einen Verlag vergebene selbstkritisch zurückgerufen.

Lebensbegleitend erschienen Graf-Gedichte in der Tagespresse und in Periodica (darunter auch in den *dem Bäckerhandwerk gewidmeten Jahr-Büchern der Diamalt AG* sowie in diversen Exil-Zeitungen, in Sammlungen mit Arbeiterdichtungen und thematisch orientierten Anthologien). Kennzeichnend für die Rezeption erscheint, dass man seine Gedichte in den verbreiteten Reclam-Lyrik-Sammlungen nicht in die Epochenbände aufnahm, wohl aber in *Lyrik des Exils* und *Großstadtlyrik*.

Dass er seine Gedichte gleichberechtigt neben seine Prosa stellte, zeigen die zwei Beiträge zur *Morgenröte* des Aurora-Verlags: In diesem *Lesebuch* steht neben Grafs großer Erzählung *Ein Sohn Davids* der Elfzeiler *Zuversicht* (auch unter dem Titel *Verbrüderung* nachgedruckt).

Den Titel für die *Altmodischen Gedichte* erklärt das fast 30 (von 170) Seiten umfassende Vorwort: »Der Titel dieses Büchleins soll besagen, daß heutzutage jeder intelligente, musisch veranlagte, halbwegs sprachbegabte und literaturbewanderte Mensch solche Verse verfertigen kann, wenn er genügend Zeit und Geduld darauf verwendet.« Thematisch weit gefächert und nicht chronologisch geordnet sind die Texte, die vom Prosa-Gedicht über freie Rhythmen bis zu Volksliedstrophen reichen. Es geht um Reflexionen, die Graf *dem verlorenen Gott*, der vom Arzt empfohlenen *Diät* oder männlichen Verhaltensregeln im *Ehestreit* und vielen anderen Themen, vor allem der Solidarität, widmet, dazu viele Natur- und Landschaftsgedichte.

Von Max Radler, dem Münchner Freund, stammt das biedermeierlich bescheidene, mit Feld- und Wiesenblumen gerahmte Titelblatt. Es versinnbildlicht den reduzierten Anspruch, die entschiedene ›Mittelmäßigkeit‹; den Autornamen ersetzt ein lyrisches Selbstporträt mit *Nebenbemerkung* als charakteristischem Titel: »Bin ich Flöte, bin ich Flamme? / Beides bin ich nicht. / An der Oberlippe eine Schramme / hab’ ich und

Oskar Maria Graf, fotografiert von Stefan Moses für die Serie »Deutschlands Emigranten«, 1964

ein Mopsgesicht«, und schließt: »Doch ich will [...] am liebsten kleiner Pfeifer sein.«

Um die Spannweite von Grafs literarischem Werk kennen zu lernen, sollte man die Lyrik lesen: Von dem »heiter vor sich hinsingenden Zecher« ist überliefert, dass er bei nächtlichen

Heimgängen immer wieder Lieblingsgedichte rezitierte, die er leider nicht mehr zu einem Buch zusammenstellte.

Boten die *Altmodischen Gedichte* eine Art Essenz seiner Lyrikbegeisterung, so ist die letzte Autobiografie *GELÄCHTER VON AUSSEN* eine erzählerische Summe, die leider nicht über den einen Band hinausgedieh. Aus keinem anderen Buch von Graf wird so oft und so erfolgreich vorgelesen wie aus diesem, versprechen doch schon der Titel und isolierte Episoden einen stereotyp mit Graf verbundenen ›Humor‹. Doch geschieht mit einer Reduktion auf die ›Schmankerl‹, die Hitler- oder die Namensfindungs-Episode, dem Buch und dem Autor Unrecht. Was es scheinbar distanziert-lächelnd *Aus meinem Leben 1918–1933* (so der Untertitel) erzählt, konfrontiert mit einem bedrohlichen Lachen. Mit dem beginnt das Buch und mündet schließlich ins Exil.

Einige notwendige Erklärungen zum Inhalt und eine Bemerkung über meine Berufsauffassung hat Graf vorangestellt. Darin kontrastiert er zwei Arten Gelächter: Das »zerschmetternde [...] niederreißende [...] barbarisch respektlose Gelächter«, das man in unserer Literatur »höchstenfalls bei Heine« findet, gilt unter Deutschen »als höchst blamabel«. Ihm jedoch entspreche dieses Gelächter. Daneben kennt er »ein gewaltiges Spott- und Hohngelächter«, das ihn in seinen Träumen plagt. Seit dem missglückten Hitlerputsch vom 9. November 1923 verfolgt ihn eine »Zwangsvorstellung«. In einem »unvergeßbaren makabren Traum« holen ihn »uniformierte Nazis« aus dem Bett, karren ihn zu einer Guillotine vor dem Münchner Siegestor und köpfen ihn. »Auf einmal stand ich ohne Kopf auf einer weiten Wiese, und der Schneider Steer, bei dem ich als Bub das Zitherspielen gelernt haben sollte, setzte mir den Kopf wieder auf und sagte: ›Da siehst du's Oskarl, es ist gar nix dabei bei derer Köpferei.‹ [...] Das Schlimme ist, daß mich dieser Traum oft mittendrinnen [...] heimsucht und daß ich auf einmal zu hören glaube, wie es unsichtbar ringsherum lacht.«

Der Autor selbst warnt auch bereits in den *Erklärungen* vor zu strengen Ansprüchen an die Fiktion: Ihn könne ein ›Bündel leuchtender Erinnerungen‹ so rühren, »dass man [...] erlöst und befreit lacht, daß jenes Hohnlachen aus dem Unsichtbaren verstummt«. Und darum sei es ihm zu tun; auf Chronologie habe er keine Rücksicht genommen, als er seine Erinnerungen niederschrieb.

Mit dieser Vorwarnung möge man *Gelächter von außen* lesen – in Teilen sehr amüsant, in anderen ein hoffnungsloses Buch. Graf verabschiedet seine Revolutionshoffnung, er stellt seinen Geschäftssinn beim Verkauf des *Dekameron* bloß und schmälert seine Erwartungen an die Literatur sowie sein Selbstverständnis als Autor: Er will nur noch »ein lustiger Wirtshausunterhalter« sein, »sonst nichts«.

10 Letzte Jahre und (k)eine Rückkehr

Die Überlegungen zum vieldeutigen Gelächter-Titel seines letzten Buches stehen zurück hinter dem ganz unmittelbar-existentiellen Datum der Todesanzeige, die er an den Anfang von *Gelächter* stellte: Mit Mirjam, seiner zweiten Frau, die ihn »vierzig Jahre ertragen hat und [...] in jeder Hinsicht zum Inhalt ihres harten Lebens machte [...] verstarb mir das Beste des Lebens für immer.« Eine Totenklage warnt vor einer nur unterhaltsamen Lektüre.

Nach Mirjams Tod am 11. November 1959 verfiel Graf hilflos in Depressionen, aus denen ihn Dr. Gisela Blauner, eine UNO-Angestellte und allseits verehrte Mitarbeiterin von Erich Fromm, rettete. Ihr ist die 1959 erschienene *Flucht* gewidmet: »Für das Häschen« – sie kannten sich also schon länger. Am 28. Juni 1962 heiraten sie.

Als eine weitere Ermutigung nach »dem schrecklichen Schock«, den Mirjams Tod bedeutete, gilt die Ehrenpromotion im Februar 1960 an der Wayne State University Detroit, wo die erste Dissertation über ihn geschrieben worden war. Der »Dr. honoris causa« freute ihn, eine Karikatur mit Doktorhut warb für seine Bücher.

Dass er trotz zunehmender Asthmaanfälle die alte Empörungs- und Schreibenergie zurückgewann, zeigen drei Themenfelder auf: Er protestierte gegen den Vietnamkrieg, gegen die Atombewaffnung und verband damit die Kritik an zeitgenössischen deutschen Autoren. Abgesehen von seiner Freude über Heinrich Bölls *Brief an einen jungen Katholiken* (1958), für den er 1962 dankt, trägt er Vertretern der »Gruppe 47« nach, dass diese »nur darauf aus [sind], eine äußerst kunstvolle ›große Literatur‹ zu machen«. Mit Anna Seghers glaubt er sich einig, »beim lapidaren Wort« bleiben zu müssen. 1966 warnt er die Gruppe davor, zur Jahrestagung nach Princeton zu reisen, statt gegen »den unbeschreiblich niedrigen Ausrottungsversuch gegen Vietnam [zu] wirken« (an Michael Guttenbrunner). Er bewundert das entschiedene ›Nein‹ des Jean-Paul Sartre, in die USA zu kommen. Günter Grass,

Der Münchner Karikaturist Rolf Peter Bauer setzte Graf nach der Verleihung der Ehrendoktorwürde 1960 durch die Wayne State University den Doktorhut auf den Kopf

den er auch sonst mit Ratschlägen nicht verschont, legt er den Rücktritt von der Reise nahe, weil »ein solcher Schritt Ihrem literarischen Ruhm auch eine weltweite menschliche Leuchtkraft gäbe«.

Mitte 1966 schreibt er einen *Offenen Brief an Ihre Heiligkeit, Papst Paul IV*. Unter Berufung auf dessen Friedensappell bittet er flehentlich darum, auf Kriegshandlungen und die Herstellung nuklearer Waffen mit der Exkommunikation zu reagieren. Offensichtlich hoffte er, an seinen *Verbrennt mich!*-Erfolg an-

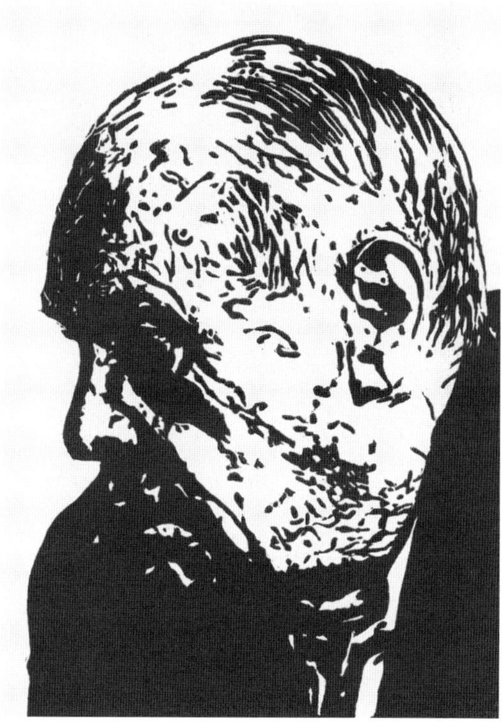

Holzschnitt von Christian Thanhäuser (2005) nach einem Foto, das Georg Bretting anlässlich Grafs letzter Europa-Reise 1965 in München aufnahm.

knüpfen zu können; aber nur wenige Redaktionen druckten den Brief ab.

Nach der ersten, enttäuschenden Reise 1958 besuchte Graf noch dreimal – 1960, 1964, 1965 – Europa. Zu einem von Hermann Kesten gesammelten Band mit Zeugnissen der Nicht-Heimkehrer steuerte er 1962 eine grimmige Absage bei: Wiederbewaffnung und das »Tüchtigkeitsprotzentum« der BRD stießen den Pazifisten ab. In New York, der »internationalen Weltstadt«, vermisste er die Heimat nicht.

Beim vorletzten Besuch bemüht er sich trotz aller Einschränkungen seines Selbstverständnisses als Autor und sei-

»In treuem Gedenken / Familie Thomas Mann«: Kranz anlässlich der Beisetzung von Grafs Urne auf dem Bogenhausener Friedhof am 28. Juni 1968

nem Bekenntnis zur ›Mittelmäßigkeit‹, »[e]ndlich einen festen Verlag zu finden, der *alle* Bücher von mir nimmt, nicht – wie Desch – nur die Bauernbücher«, schreibt er aus Berlin an Kurt Pinthus im Juli 1964. Sein Selbstbewusstsein war jedoch so ungebrochen, dass er in der Geringschätzung seines Werkes auch ein »Zugeständnis [erkennt], daß München und Bayern [...] nicht zählen!«, d. h. er sieht sich gerade im Übersehen-Werden als Repräsentant Bayerns (an den bayerischen SPD-Vorsitzenden W. v. Knoeringen).

Obwohl er »Ehrengaben« aus einem »Kreis der ›Freunde Oskar Maria Grafs‹« als Almosen zurückwies, bewegten ihn

Grafs Schreibtisch in der Hillside Avenue umrahmt von Fotos und Zeichnungen, wie es sein Gedicht »Mein Zimmer« feiert

doch Angebote von Oberbürgermeister Hans-Jochen Vogel dazu, Umzugspläne zu erwägen, die er dann auf ärztlichen Rat hin nicht mehr konkret verfolgt. Er bleibt letztlich bei dem, was er 1958 in München Hans Dollinger gesagt hatte: »Hierbleiben? Auf keinen Fall [...] Ich bin heute eigentlich Herrn Hitler dankbar, daß ich wegen ihm herausgekommen bin in die weite Welt. Man sagt mir immer, daß wir draußen in der Emigration stehen geblieben seien. Aber in welchem Maße man hier stehen geblieben ist, das habe ich mir nicht so vorgestellt.«

Graf starb am 28. Juni 1967 in einem New Yorker Spital.

Auf Beschluss des Münchner Stadtdirektoriums wurde seine Urne ein Jahr später in Gegenwart seiner Witwe, seiner Tochter und des Oberbürgermeisters auf dem Prominentenfriedhof an der Dorfkirche von Bogenhausen, einem eingemeindeten Vorort östlich der Isar, beigesetzt. Ein »Berühmtengrab in städtischer Pflege« hat man ihm gewidmet. Peter Fischer, der wenige Jahre danach einen sehr überzeugenden Vorschlag zur Graf-Lektüre verfasste, hielt es für einen

»Münchner Vordertreppenwitz, daß die Asche des Dichters heimgeholt und im Friedhof der Kulturprominenz an der Bogenhausener Kirche versenkt wurde«.

Im ferneren Rückblick hat damit Oberbürgermeister Hans-Jochen Vogel den Grundstein einer fortgesetzten Graf-›Pflege‹ gelegt, und das weit über den Friedhof hinaus. Kulturreferent Jürgen Kolbe stellte 1984 die Mittel bereit, den 100. Geburtstag Lion Feuchtwangers und den unfern datierten 90. Graf-Geburtstag im neuerrichteten Gasteig-Kulturzentrum vom 7. bis zum 22. Juli mit vielen Veranstaltungen zu begehen. Immer wieder nahmen die Witwe Gisela Graf und die Tochter Annemarie Koch-Graf daran teil. Damals kam auch Grafs Arbeitszimmer aus Manhattan nach München, in eben der Form, die sein Gedicht *Mein Zimmer* feiert.

Mein Zimmer
Was ich im Lauf der Zeiten liebgewann,
das hängte verstreut an meinen Zimmerwänden:
Tolstoi und Goethe, Lincoln und Lenin,
ein Bild von Marx, von Masaryk und Thomas Mann,
die Aquarelle (Wiesen, Berge, Wolken drüberhin)
dazwischen, werktäglich und ohne Drum und Dran
und dennoch wie das Krönende schlechthin,
hängt mein alte Mutter, und mit ihr vollenden
sich gleichsam nach geheimnisvollen Sinn,
Zusammenhänge, die mir erst nach schweren Jahren
und wie durch einen Zufall offenbar geworden sind. –
Denn manchmal, wenn ich grübelnd oder sehr zerfahren
In meinem Zimmer auf- und niedergehe und zerquält
nach Worten ringe, eine klare Ordnung im Geschehen suche,
wird das, was ich bisher für einen Wandschmuck hielt,
zu einer in sich ruhenden und beispielhaften Welt,
aus der mein Herz den größten Trost gewinnt. –
Mein Blick fällt unverhofft auf so ein Bild
und langsam rührt mich eines Menschen Leben an,
in seinem Glück, in seiner Lust und seinem Fluche,
und wenn es sich zutiefst entblättert und entschält,

erglänzt es als ein Gleichnis aller Menschenmühen. –
Doch nie erschöpft es sich in einem Werk, in einem Buche,
weil es zu vielgesichtig ist und unaussprechlich bleibt.
Es mag wohl sein, dass manchmal einer es erfühlt
Und überwältigt zittert wie in innerstem Erglühen,
wenn er sein Denken bis zum Grund der Gründe treibt,
wie ich in manchem Anflug starker Freudigkeit.
Dann wird es mir erst ganz bewusst: Nicht hohle Schemen
und bildgewordne Zeugen der Unsterblichkeit
sind all die Männer, die von meinen Wänden schauen.
Ihr tiefstes Wesen ist dem Leben einverleibt
wie jede Wiese, jeder Berg, die Wolken hoch im Blauen.
Und auferlegt ist jedem jene schwere Fruchtbarkeit
der Mutter, die nur geben kann und niemals nehmen
und sich erfüllt als das Verschenkende in jeder Zeit. –
In solchen Augenblicken will mir manchmal scheinen,
als sei mein Zimmer etwas von dem reinen
Zusammenklang von Menschensein und hoher Ewigkeit. – –

Erstdruck: Sinn und Form [Chefredakteur Peter Huchel]
5. Jg. Heft 1. DDR-Berlin 1953

Zum 100. Geburtstag 1994 bewilligte der Münchner Stadtrat großzügig Mittel für Veranstaltungen von Juli 1994 bis Januar 1995. 1992 hatte man bereits eine Oskar Maria Graf-Gesellschaft München e. V. gegründet, die über das Jubiläum hinaus mit Jahrbüchern, OMG-Journal sowie einem monatlichen Stammtisch existiert und sich um kontinuierlich wachsende Rezeption seines Werkes bemüht. Von einem »zweiten Exil des Vergessens« kann man bei ihm nicht mehr reden. Vom Fortleben an seiner Exil-Endstation zeugt neben dem lebendigen Stammtisch auch *Die verheissene Stadt* (1986), ein Buch über *Deutsch-jüdische Emigranten in New York*, die sich in ihren Interviews immer wieder auf Graf beziehen.

Über den Tod hinaus blieb er die öffentliche Persönlichkeit, als die er 1933 exemplarisch begonnen hatte.

Zeittafel

1880 Max Graf, Bäcker, heiratet in Aufkirchen (Gemeinde Berg/Starnberger See) Therese Heimrath, Tochter einer alteingesessenen Bauernfamilie aus dem nahen Aufhausen

1894 22.7.: Geburt Oskar (Maria) Grafs als 9. von 11 Kindern im elterlichen Bäckerhaus (heute Oskar-Maria-Graf-Platz) in Berg am Starnberger See

1900 Beginn der Schulzeit in der Volksschule in Aufkirchen

1905 Rückkehr des ältesten Bruders Max vom Militärdienst; Beginn der Mitarbeit des 11-jährigen Oskar in der elterlichen Bäckerei

1906 28.4.: Tod des Vaters; Übernahme der Bäckerei durch Max, der Oskars Vormund wird

1907 Ende der Schulzeit; Beginn der Bäckerlehre beim Bruder Max

1910 Gewinn eines Preises beim Reclam-Verlag für eine Besprechung von Turgenjews *Gedichte in Prosa*

1911 Flucht vor dem Bruder Max nach München; Leben als Hilfsarbeiter; Anschluss an die Schwabinger Boheme-Kreise

1912 Wechselnde Hilfsarbeiter-Tätigkeit; erste literarische Bemühungen (Gedichte; Aphorismen); Schriftführer der Gruppe »Tat«; Beginn der Freundschaft mit Georg Schrimpf und Franz Jung

1913 Im Frühjahr mit Schrimpf in der Südschweiz (Tessin; Ascona; Monte Verità); weitere literarische Versuche als Expressionist

1914 Aufenthalt in Berlin; erste Veröffentlichung expressionistischer Gedichte in der Zeitschrift *Aktion*; Einberufung; 1.12.: Grundausbildung in der »Train-Kaserne«

1915 Ab Februar: russische Front; Mai: Lazarett bei München; 28.5.: Tod des Bruders Max an der Westfront; ab Juni: wieder an der Ostfront; Beiträge für Jungs Zeitschrift *Die freie Straße*

1916 Januar: Befehlsverweigerung und Simulation einer Kriegsneurose; Februar/März: nach Lazarettaufenthalt

Einlieferung in die psychiatrischen Kliniken in Görden bei Brandenburg und von April–Dezember in Haar bei München; 9.12.: Entlassung aus dem Militär nach psychiatrischem Gutachten als »dienstunbrauchbar«

1917 Graf legt sich den zweiten Vornamen Maria zur Unterscheidung vom gleichnamigen Kriegsmaler zu; 26.5.: Heirat mit Karoline Bretting; 30.8.: Tod der Schwester Emma

1918 29.1.: Zwei Tage Haft wegen der Unterstützung des Deserteurs Paul Guttfeld; Stipendium von Professor Roman Woerner und Hertha König; 13.6.: Geburt der Tochter Annemarie; Gelderwerb als Schieber und Alleinunterhalter; 7.11.: Beteiligung am Marsch von der Theresienwiese zu den Kasernen zu Beginn der Revolution in München; Dezember: Trennung von Karoline Bretting; Bekanntschaft mit Rilke; Veröffentlichung des ersten Gedichtbandes *Die Revolutionäre* im Dresdner Verlag von 1917

1919 Beteiligung Grafs an der Räterepublik in Bayern; als Zensor für die bürgerliche Presse tätig; 14.–26.5.: Inhaftierung nach Ende der Räterepublik, Entlassung auf Fürsprache Rilkes und Woerners; Beginn der Lebensgemeinschaft mit Mirjam Sachs; Veröffentlichung des zweiten Gedichtbandes *Amen und Anfang* im Verlag H. F. S. Bachmair, München, und eines Künstlerportraits »Georg Schrimpf« im Konstanzer Verlag

1920 Graf als Dramaturg an der »Neuen Bühne« (Mai 1920–Juni 1921)

1921 Veröffentlichung von *Ua – Pua …! Indianer-Dichtungen* beim Habbel-Verlag in Regensburg; Veröffentlichung der Malerbiografie über Maria Uhden, Schrimpfs verstorbene Frau, bei Klinkhardt & Biermann, Leipzig

1922 Graf beim Malik-Verlag in Berlin; Veröffentlichung des ersten Erzählungsbandes *Zur freundlichen Erinnerung* und der Jugenderlebnisse *Frühzeit*

1923 9.11.: Graf erlebt den Hitler-Putsch in München; Veröffentlichung einer Künstlerbiografie über Schrimpf bei Klinkhardt & Biermann, Leipzig

1924 *Bayerisches Lesebücherl* erscheint bei Albert Langen, München, und *Die Traumdeuter. Aus einer alten bayerischen Familienchronik* im Herder Verlag, Freiburg i. Brsg.

1925 Graf veröffentlicht den Roman *Die Heimsuchung* im Verlag der Buchgemeinde, Bonn, sowie *Die Chronik von Flechting* im Drei Masken Verlag, München

1926 Graf gründet unter seinem Vorsitz den »Jung-Münchner Kulturbund«, organisiert kulturpolitische und politische Veranstaltungen, veröffentlicht *Finsternis* im Drei Masken Verlag, München

1927 Graf veröffentlicht *Licht und Schatten* im Verlag der Neuen Gesellschaft, Berlin, sowie *Wunderbare Menschen* im Engelhorn Verlag, Stuttgart; Erscheinen von *Im Winkel des Lebens* im Buchmeister Verlag, Berlin; Durchbruch zum internationalen literarischen Erfolg mit der Umarbeitung und Erweiterung seiner Jugenderlebnisse *Frühzeit* (1922) zum Roman *Wir sind Gefangene* im Drei Masken Verlag, München

1928 Durchbruch zum literarischen Geschäft mit *Das bayerische Dekameron* im Verlag für Kulturforschung, Wien

1929 Herbst: Im Drei Masken Verlag, München, erscheint *Kalendergeschichten* mit dem Anhang *Kleiner bayerischer Dialektspiegel*

1931 Graf zieht mit Mirjam Sachs aus der Atelierwohnung, Barerstraße 37, um in eine »gutbürgerliche Wohnung«, Hohenzollernstraße 23/III; Graf veröffentlicht *Bolwieser* im Drei Masken Verlag, München

1932 Veröffentlichung von *Dorfbanditen* im Drei Masken Verlag, München, *Einer gegen alle* im Universitas Verlag, Berlin, sowie von *Notizbuch des Provinzschriftstellers Oskar Maria Graf 1932* im Zinnen-Verlag, Basel, Leipzig, Wien; Gefühle der Ohnmacht und Wut gegenüber dem Erstarken der Nationalsozialisten

1933 24.2.: Lesereise nach Wien; Beginn des Exils in Österreich; 6.3.: Mirjam Sachs folgt; 12.5.: nach der Bücherverbrennung veröffentlicht Graf in der Wiener *Arbeiter-Zeitung* seinen Protest *Verbrennt mich!*; Mitherausgeber der Monatsschrift *Neue deutsche Blätter* in Prag (erscheint bis August 1935)

1934 4.2.: Jahresversammlung der »Vereinigung sozialistischer Schriftsteller« in Wien, Graf wird zum Obmannstellvertreter gewählt; Graf erlebt den Februar-Aufstand der Wiener Arbeiter gegen die Regierung Dollfuß; 16.2.: Flucht nach Bratislawa und Brünn; 1.3.: Graf bezieht mit Mirjam Sachs eine Wohnung in der Zelena 6 in Brünn; 24.3.: Ausbürgerung zusammen mit Albert Einstein und 35 weiteren Reichsangehörigen; Juli–Oktober: Graf reist u. a. nach Moskau zum 1. Allunionskongress der sowjetischen Schriftsteller (17.8.–1.9.) und durch den Süden der Sowjetunion; 27.9.: Tod der Mutter in Berg

1935 Erscheinen von *Der harte Handel* im Emigranten-Verlag Querido, Amsterdam

1936 Im Malik Verlag, London, und in der Verlags-Genossenschaft ausländischer Arbeiter in der UdSSR, Moskau/Leningrad, erscheint *Der Abgrund*

1937 Graf hält eine Gedenkrede für den tschechoslowakischen Staatspräsidenten Masaryk; Erscheinen von *Anton Sittinger* im Malik Verlag, London; April: Graf muss sich in Brünn zweimal täglich auf dem Polizeirevier melden; Mitarbeit in der Zweimonatsschrift *Maß und Wert*

1938 Veröffentlichung der Erzählung *Der Quasterl* in der »Kleinen Volksbibliothek«, Moskau; 26.–30.6.: Graf als Delegierter der deutschen Gruppe beim Internationalen PEN-Kongress in Prag; Flug mit Mirjam Sachs über Deutschland nach Holland und Überfahrt mit der »Veendam« von Rotterdam nach New York; Graf hält seine erste öffentliche Rede vor einer Gruppe von Deutschamerikanern und geht im November nach der Gründung der GAWA unter seinem Vorsitz auf Vortragsreise; September: Graf bezieht mit Mirjam Sachs eine Wohnung in der Hillside Avenue 34, Apt. 6 E in New York; Beginn der Mitarbeit an der deutsch-jüdischen Zeitschrift *Aufbau* in New York

1939 6.6.: Graf hält nach Tollers Freitod die Totenrede auf den Dramatiker; weitere Reden Grafs in New York zu Washingtons Geburtstag (»Für die Demokratie!«) und zum »German Day« für die GAWA; Mirjam Sachs arbeitet als Redaktionssekretärin beim *Aufbau*

1940 Auflösung der GAWA im Juli; Juni–August: Graf als Stipendiat in der Künstlerkolonie Yaddo, wo er *Das Leben meiner Mutter* zu Ende schreibt; es erscheint im November bei Howell & Solkin, New York, als *The Life of My Mother. A biographical novel*

1941 Ab September arbeitet Graf am Roman *Er nannte sich Banscho*; im Selbstverlag in New York erscheint eine Neuausgabe von *Anton Sittinger*; ab 11.12.: Graf trifft die Reiseerschwernis für Deutsche in den Staaten nach der Kriegserklärung Hitler-Deutschlands an die USA

1942 Graf schreibt eine erste Fassung des späteren Romans *Die Erben des Untergangs* unter dem Titel *Das kommende Recht*

1943 Ergebnislose Hausdurchsuchung des FBI bei Graf; Juli: eine Universitätsanstellung wird durch Denunziation von »Freunden« verhindert; Gründung des Graf-Stammtisches in »German Town« auf der Ostseite Manhattans (später in Yorkville)

1944 Lizenz für den von Graf und zehn anderen Autoren gegründeten Gemeinschaftsverlag Aurora; 14.9.: einseitige Scheidung von Karoline Bretting; 2.10.: Heirat mit Mirjam Sachs

1945 Ab Mai: Brief-Kontaktaufnahme Grafs mit München, Berg und umgekehrt; Beginn der Organisierung von Hilfspaketen an bayerische Nazi-Opfer (bis 1951); im Aurora Verlag, New York, erscheint *Der Quasterl und andere Erzählungen*

1946 Im Verlag Kurt Desch, München erscheint *Das Leben meiner Mutter* in deutscher Sprache

1947 27.1.: Tod von Grafs erster Frau Karoline in München; im Aurora Verlag, New York, erscheint *Unruhe um einen*

Friedfertigen; Neuausgabe von *Anton Sittinger* im Freitag-Verlag, München

1949 Im Verlag Kurt Desch, München, erscheint der Band *Die Eroberung der Welt*, der in der 2. Auflage überarbeitet und in *Die Erben des Untergangs* umgetitelt wird

1950 Im Aufbau Verlag, Ost-Berlin, erscheint *Mitmenschen*

1952 Beginn der Arbeit an den Gedichten zu *Der ewige Kalender*, veröffentlicht 1954 zum 60. Geburtstag Grafs im Selbstverlag in New York

1953 Graf erhält ab November eine Wiedergutmachungsrente wegen beruflicher Schäden und beginnt die Arbeit an *Flucht ins Mittelmäßige*

1954 10.12.: Graf hält die Grabrede für den verstorbenen Maler Josef Scharl, ein Mitglied seines Stammtisches

1955 Graf stellt eine Neufassung der *Kalendergeschichten* zusammen, die 1957 im Greifenverlag in Rudolstadt erscheint; Nachruf auf Thomas Mann am Hunter College

1956 Graf überarbeitet den Roman *Der Abgrund* und gibt ihm den neuen Titel *Die gezählten Jahre* (veröffentlicht 1976 im Süddeutschen Verlag); Graf erhält Wiedergutmachungszahlungen für den Verlust seiner Bibliothek und seiner Gemälde

1957 Heftige Asthmaanfälle; in Rudolstadt (DDR) kommt eine neu zusammengestellte, mit jüngeren Texten ergänzte Ausgabe der *Kalendergeschichten* heraus

1958 20.1.: Graf erhält die Einbürgerungsurkunde; Weiterarbeit an *Flucht ins Mittelmäßige*; Juni–Oktober: erste Europareise Grafs nach München, Berg, Frankfurt am Main, Berlin, Wien, Zürich, Montagnola (Besuch bei Hesse), Nervi, Genua, London; Teilnahme an der Grundsteinlegung zur Akademie der Künste in West-Berlin

1959 Krankenpflege Grafs am Bett von Mirjam bis zu deren Tod am 11.11. in New York; zum 65. Geburtstag bringt der Kurt Desch-Verlag, München, die 3. Auflage des *Mutter*-Buches heraus; Erscheinen von *Die Erben des Untergangs* und *Die Flucht ins Mittelmäßige* im Nest Verlag, Frankfurt am Main

1960 4.2.: Graf wird die Ehrendoktorwürde der Wayne State University Detroit verliehen; Juni–Oktober: zweite Europareise nach Frankfurt am Main, Berlin (Eröffnung der Akademie der Künste mit Lesung), Hamburg, München, Dachau, Muralto, Locarno; Graf verfasst Nachschrift zum Prostest *Verbrennt mich!* (1933) und stellt Essay-Band *An manchen Tagen* zusammen

1961 Erscheinen von *An manchen Tagen* im Nest Verlag, Frankfurt am Main; Beginn der Arbeit an *Gelächter von außen*, dem ersten Teil einer Autobiografie (im November 1965 abgeschlossen)

1962 Arbeit an *Jedermanns Geschichten* (veröffentlicht in einer einbändigen Ausgabe 1988 im Süddeutschen Verlag); *Der große Bauernspiegel* im Verlag Kurt Desch, München; *Größtenteils schimpflich* im Feder Verlag, München; Erscheinen von *Altmodische Gedichte eines Dutzendmenschen* ohne Verfassername im Nest Verlag, Frankfurt am Main; 28.6.: dritte Ehe Grafs mit Dr. Gisela Blauner

1963 Januar–Mai: Erholungsaufenthalt Grafs in Arizona

1964 Juni–Oktober: anlässlich des 70. Geburtstages von Graf (22.7.) dritte Europareise: Lesungen in West- und Ost-Berlin, Ernennung zum korrespondierenden Mitglied der Akademie der Künste der DDR in Ost-Berlin, Ehrung durch die Gemeinde Berg und durch die Bäcker-Innung in München, Ehrengabe und Goldmedaille der Stadt München, Kuraufenthalt in Bad Reichenhall; im Aufbau Verlag in Ost-Berlin erscheint *Er nannte sich Banscho* (geschrieben 1941/42 in New York)

1965 Juni–Oktober: vierte und letzte Europareise nach Frankfurt am Main, München, Bad Reichenhall, Wien, Zürich, Ascona

1966 Frühjahr: Erholungsaufenthalt in Arizona; im Verlag Kurt Desch, München, erscheint *Gelächter von außen*; im Fackelträger Verlag, Hannover, erscheint *Bayerisches Lesebücherl*; Graf veröffentlicht seinen Offenen Brief an Papst Paul VI. (gegen Atomrüstung); Graf leidet immer mehr an Asthmaanfällen; nach zehn Tagen Klinikaufenthalt meist bettlägerig

1967 Graf leidet seit Mai an ständigen Schmerzanfällen; 28.6.: Graf stirbt im Mount Sinai Hospital in New York

1968 28.6.: Beisetzung der überführten Urne Oskar Maria Grafs auf dem Bogenhausener Friedhof in München in Anwesenheit der Witwe, Dr. Gisela Graf, und des Oberbürgermeisters Hans-Jochen Vogel

Literaturverzeichnis

WERKAUSGABEN

Oskar Maria Graf: *Gesammelte Werke in Einzelausgaben*, hg. v. Hans Dollinger, München 1975ff. Ausgabe letzter Hand, 18 Bde. inkl. Briefband, wichtige und informierende Nachworte verschiedener Autoren, nach dieser Ausgabe brachte dtv die Taschenbuchausgaben heraus

Oskar Maria Graf: *Oskar Maria Graf Werkausgabe*, hg. v. Wilfried F. Schoeller, München 1982ff. 16 Bde., Schoeller druckt in seiner Ausgabe die Erstfassungen Grafs, wählt jedoch aus und sammelt auch Zeitungs- und Zeitschriftenbeiträge. Die zunächst nur für die Gilde-Mitglieder gedachte Ausgabe brachte der List-Verlag als Rechts-Nachfolger des Süddeutschen Verlages 1994 für den allgemeinen Buchhandel heraus

Oskar Maria Graf: Kritisch durchgesehene und kommentierte Nachdrucke der Werke Oskar Maria Grafs, hg. v. Ulrich Dittmann, München 2004ff., bisher 13 Bde, Nachdrucke von Erzählsammlungen und derzeit nicht neu aufgelegte Bücher

Oskar Maria Graf: *»Manchmal kommt es, dass wir Mörder sein müssen«. Gesammelte Gedichte*, hg. v. Katrin Sorko. Berlin 2007.

WEITERE QUELLEN

Walter Benjamin: *Gesammelte Schriften, Band III: Kritiken und Rezensionen*, hg. v. Hella Tiedemann-Bartels. Frankfurt a.M. 1991.

Hans Brandenburg: *Im Feuer unserer Liebe. Erlebtes Schicksal einer Stadt*. München 1956.

Marta Feuchtwanger: *Nur eine Frau. Jahre – Tage – Stunden*. München / Wien 1983.

Wieland Herzfelde: *Zur Sache geschrieben und gesprochen zwischen 18 und 80*. Berlin 1976.

Jürgen Jahn (Hg.): *Ernst Bloch Wieland Herzfelde »Wir haben das Leben wieder vor uns«. Briefwechsel 1938–1949*. Frankfurt/M. 2001.

Sepp Lutz: *Du hast ja nichts gehabt. Ein Arbeiterleben in Süddeutschland*. Berlin 1984.

Franz Jung: *Der Weg nach unten. Aufzeichnungen aus einer großen Zeit*. Hamburg o. J.

Cläre Jung: *Paradiesvögel. Erinnerungen 1911–1945*. Hamburg 1987.

Friedrich Pfäfflin (Hg.): *Tribüne und Aurora. Wieland Herzfelde und Berthold Viertel. Briefwechsel 1940–1949*. Mainz 1990.

Wilhelm von Schramm: *Die Bücherkiste. Das literarische München 1919–1924*. München 1982.

Hansjörg Viesel (Hg.): *Literaten an der Wand*. Frankfurt 1980.

SEKUNDÄRLITERATUR

Biografien

Recknagel, Rolf: *Ein Bayer in Amerika. Oskar Maria Graf: Leben und Werk.* Berlin 1984, 3. Aufl.

Bollenbeck, Georg: *Oskar Maria Graf. Mit Selbstzeugnissen und Bilddokumenten.* Reinbek b. Hamburg 1985.

Bauer, Gerhard: *Oskar Maria Graf. Ein rücksichtslos gelebtes Leben.* München 1994 (durchgesehene und aktualisierte Ausgabe von: *Gefangenschaft und Lebenslust. Oskar Maria Graf in seiner Zeit.* München 1987).

Schoeller, Wilfried F.: *Oskar Maria Graf. Odyssee eines Einzelgängers. Texte, Bilder, Dokumente.* Frankfurt am Main 1994.

Forschungsliteratur

Übersichten über Einzelaspekte des Werks und Vergleiche

Dietz, Wolfgang/Pfanner, Helmut F.: *Oskar Maria Graf. Beschreibung eines Volksschriftstellers.* München 1974.

Arnold, Heinz Ludwig (Hg.): *Oskar Maria Graf.* München 1986 (Edition + Kritik Sonderband)

Jahrbücher der Oskar Maria Graf-Gesellschaft 1993ff.

Weitere Literatur

Banasch, Bettina: *Konstruktionen nationaler Identität in der Literatur des Nachexils. Zu Thomas Manns ›Doktor Faustus‹ und Oskar Maria Grafs ›Die Flucht ins Mittelmäßige‹.* In: Butzer, Günter (Hg.): *Berührungen. Komparatistische Perspektiven auf die frühe deutsche Nachkriegsliteratur.* Paderborn 2012, S. 83–98.

Barck, Simone: *»Linksgerichtet, entschieden sozialistisch«. Zum Exilroman Oskar Maria Grafs in den dreißiger Jahren.* In: Silvia Schlenstedt (Hg.): *Wer schreibt, handelt. Strategien und Verfahren literarischer Arbeit von und nach 1933.* Berlin und Weimar 1986. S. 279–310.

Berg, Hubert van den: *Avantgarde und Anarchismus. Dada in Zürich und Berlin.* Heidelberg 1999.

Exenberger, Helmut: *Netzwerk des Exils 1933 bis 1934. Oskar Maria Graf und Hermynia Zur Mühlen in der Vereinigung sozialistischer Schriftsteller.* In: Seeber, Ursula (Hg.): *Asyl wider Willen. Exil in Österreich 1933 bis 1938.* Wien 2003, S. 16–22.

Fischer, Peter: *Volkstümlicher Realismus. Ein Vorschlag, die Kalendergeschichten zu lesen.* In: Dietz, Wolfgang und Helmut F. Pfanner (Hgg.): *Beschreibung eines Volksschriftstellers.* München 1974 S. 159–170.

Häntzschel, Günter: *Oskar Maria Graf.* In: Grimm, Gunter E.: *Deutsche Dichter. Leben und Werk deutschsprachiger Autoren.* Bd. 7, Stuttgart 1989, S. 419–425.

Jens, Walter: *Oskar Maria Grafs ›Wir sind Gefangene‹*. In: Ders./Thiersch, Hans (Hg.): *Deutsche Lebensläufe in Autobiographien und Briefen*. Weinheim 1987, S. 201–218.
Johnson, Sheila: *Oskar Maria Graf. The Critical Reception of His Prose Fiction*. Bonn 1979.
Johnson, Sheila: *Oskar Maria Grafs ›Die Flucht ins Mittelmäßige‹ und Thomas Manns ›Doktor Faustus‹. Einflüsse und Parallelen*. In: Daviau, Donald G./Fischer, Ludwig M. (Hg.): *Das Exilerlebnis. Verhandlungen des vierten Symposiums über deutsche und österreichische Exilliteratur*. Camden 1982, S. 289–296.
Kaufmann, Ulrich: *O.M. Graf. Rebell – Erzähler – Weltbürger. Studien und Materialien*. München 1994.
Kreuzer, Helmut: Die Bohème. Stuttgart 1968.
Loeb, Ernst: *Oskar Maria Graf. Weltweite Provinz eines Einzelgängers*. In: *Views and Reviews of Modern German Literature*. 1974, S. 231–239.
Lützeler, Paul Michael: *Die Münchner Revolution bei Oskar Maria Graf. Erlebnis und Roman*. In: Ders. (Hg.): *Zeitgeschichte in Geschichten der Zeit. Deutschsprachige Romane im 20. Jahrhundert*. Bonn 1986, S. 55–77.
Mersmann, Gerhard: *Oskar Maria Graf. Rebellisches Exil – Utopische Provinz*. Frankfurt am Main 1988.
Mohr, Joachim: *Hunde wie ich. Selbstbild und Weltbild in den autobiographischen Schriften Oskar Maria Grafs*. Würzburg 1999.
Oppl, Ruth: *Der Eigensinnige Einzige. Zu Stirnermotiven in Oskar Maria Grafs ›Wir sind Gefangene‹*. In: Goette, Jürgen-Wolfgang (Hg.): *Die rote Republik. Anarchie- und Aktivismuskonzept der Schriftsteller 1918/19 und das Nachleben der Räte – Erich Mühsam, Ernst Toller, Oskar Maria Graf u. a.*. Lübeck 2004, S. 31–40.
Pfanner, Helmut F. : *Oskar Maria Graf. Eine kritische Bibliographie*. Bern, München 1976.
Schaber, Will (Hg.): *Aufbau. Reconstruction. Dokumente einer Kultur im Exil*. New York, Köln 1972.
Schaber, Will (Hg.): *Zeitzeuge Aufbau. Texte aus sechs Jahrzehnten*. Gerlingen 1994.
Schlenstedt, Silvia (Hg.): *Wer schreibt, handelt. Strategien und Verfahren literarischer Arbeit vor und nach 1933*. Berlin, Weimar 1986.
Schneider, Sigrid: *Das Ende Weimars im Exilroman. Literarische Strategien zur Vermittlung von Faschismustheorien*. München u. a. 1980.
Schneider, Sigrid: *Die letzten Jahre der Republik. Literarischer Rückblick aus dem Exil bei Lion Feuchtwanger und Oskar Maria Graf*. In: Müller-Funk, Wolfgang (Hg.): *Jahrmarkt der Gerechtigkeit*. Tübingen 1987, S. 197–121.
Schoeller, Wilfried F.: *Der Unterhaltungsschriftsteller als Rebell. Sondierungen bei Oskar Maria Graf*. In: Heckmann, Herbert (Hg.): *Angst vor Unterhaltung? Über einige Merkwürdigkeiten unseres Literaturverständnisses*. München 1986, S. 71–84.

Schoeller, Wilfried F.: *Spezialität: ländliche Sachen. Notizen zum Heimatschriftsteller Oskar Maria Graf. Literaturmagazin* 14: Reinbek b. Hamburg 1981, S. 62–77.

Schreckenberger, Helga: *›Es wär vielleicht ein neues Exil und vielleicht das schmerzlichste‹. Das Thema der Rückkehr in Oskar Maria Grafs Briefen an Hugo Hartung*. In: Kucher, Primus-Heinz (Hg.): *Erste Briefe, first letters aus dem Exil 1945–1950. (Un-)Mögliche Gespräche, Fallbeispiele des literarischen und künstlerischen Exils*. München 2011, S. 128–142.

Sloterdijk, Peter: *Literatur und Lebenserfahrung. Autobiographien der Zwanziger Jahre*. München, Wien 1978.

Stockhammer, Robert: *›Lesen Sie before the letter‹. Oskar Maria Graf in New York*. In: Goebel, Eckart (Hg.): *›Escape to life‹. German intellectuals in New York*. Berlin 2012, S. 182–194.

Stockhammer, Robert: *Heimatliteratur im Exil. Oskar Maria Graf*. In: *Exil. Forschung, Erkenntnisse, Ergebnisse*. Jg. 11, 1991, Nr. 2, S. 71–80.

Tharr, Jennifer: *Oskar Maria Graf. ›Das Leben meiner Mutter‹ (1940)*. In: Klein, Sonja (Hg.): *Die deutsche Exilliteratur 1933 bis 1945. Perspektiven und Deutungen*. Darmstadt 2015, S. 110–125.

Walter, Hans-Albert: *Vortrag zur Eröffnung der Oskar Maria Graf Ausstellung in der Deutschen Bibliothek 12. Dezember 1977*. Frankfurt a.M. 1978.

FILMISCHE DOKUMENTATIONEN

Kindheit in Berg. Die Tochter von Oskar Maria Graf erzählt über Oskar Maria Graf (2004) von Dr. Sybille Krafft

Oskar Maria Graf – Dahoam in Amerika (2009) von Klaus Ickert

VERFILMUNGEN

Bolwieser (1977)

Der harte Handel (1978)

Anton Sittinger (1979)

Hölleisengretl (1995)

Triumph der Gerechten (1981–1985/87)

INTERNETADRESSEN

www.oskarmariagraf.de

Bildnachweis

Aurora-Verlag, Verlagsprospekt von 1938: 103
Bayerische Staatsbibliothek, München, Bildarchiv: 10 (ana-003505), 15 (ana-003443), 33 (ana-003479), 35 (ana-003490), 36 (ana-003487), 41 (hoff-5123), 55 (port-010558), 59 (port-010561), 70 (port-030907)
Christian Thanhäuser: 132
Deutsche Nationalbibliothek | Deutsches Exilarchiv 1933–1945, Frankfurt am Main (© Foto: Eric Schaal / Weidle Verlag): 120
Deutsches Historisches Museum Berlin: 127 (© fotografie: stefan moses)
Familienbesitz: 12
Historischer Verein Wolfratshausen: 14
http://digitalcommonwealth.org: 111
Münchner Stadtbibliothek/Monacensia: 19, 112 (NL Oskar Maria Graf F1/12; © Lisa Hoffmann), 133 (Konvolut Bretting/Oskar Maria Graf Bre-OMG 02), 134 (NL Oskar Maria Graf F1/12; © Lisa Hoffmann)
nach: Rolf Recknagel: Ein Bayer in Amerika. Oskar Maria Graf. Leben und Werk. Berlin 1974: 63
Privat: 23
Privatbesitz Dittmann: 96, 131
SLUB Dresden / Deutsche Fotothek / Fritz Eschen: 125
Wiener Arbeiter-Zeitung vom 12. Mai 1933: 78

Umschlagmotive: vorne: Bildnis des Dichters Oskar Maria Graf. – Gemälde von Walter Schulz-Matan, 1927, Öl auf Leinwand, Landesmuseum für Kunst und Kulturgeschichte Oldenburg (Aufnahme: akg-images); hinten: Oskar Maria Graf diskutiert vor dem Exil-Attribut, den gestapelten Koffern (Bild von 1955 im Besitz der OMG-Gesellschaft; Foto: Lisa Hoffmann)

Bibliografische Information der Deutschen Nationalbibliothek
Die Deutsche Nationalbibliothek verzeichnet diese Publikation in der Deutschen Nationalbibliografie; detaillierte bibliografische Daten sind im Internet über http://dnb.dnb.de abrufbar.

ISBN 978-3-7917-2893-3

Reihen-/Umschlaggestaltung und Layout: Martin Veicht, Regensburg
Satz: Vollnhals Fotosatz, Neustadt a. d. Donau
Druck und Bindung: Friedrich Pustet, Regensburg
Printed in Germany 2017

Diese Publikation ist auch als eBook erhältlich:
eISBN 978-3-7917-6100-8 (epub)

Weitere Publikationen aus unserem Programm
finden Sie auf www.verlag-pustet.de
Informationen und Bestellungen unter verlag@pustet.de